教育部人文社会科学研究规划基金项目（《市场分割背景下的中国农业劳动力配置效率研究》，项目批准号：18YJA790060）资助
西北大学“双一流”建设项目研究成果

市场分割背景下的中国农业劳动力配置效率研究

Research on the Allocation Efficiency of China's Agricultural Labor Force in the Context of Market Segmentation

马小勇　等◎著

中国经济出版社
CHINA ECONOMIC PUBLISHING HOUSE

图书在版编目（CIP）数据

市场分割背景下的中国农业劳动力配置效率研究／马小勇等著．--北京：中国经济出版社，2023.8

ISBN 978-7-5136-7299-3

Ⅰ.①市… Ⅱ.①马… Ⅲ.①农业劳动力-劳动力安排-研究-中国 Ⅳ.①F323.6

中国国家版本馆 CIP 数据核字（2023）第 078004 号

责任编辑 王 帅
责任印制 马小宾

出版发行 中国经济出版社
印 刷 者 河北宝昌佳彩印刷有限公司
经 销 者 各地新华书店
开 本 710mm×1000mm 1/16
印 张 10.75
字 数 133 千字
版 次 2023 年 8 月第 1 版
印 次 2023 年 8 月第 1 次
定 价 78.00 元
广告经营许可证 京西工商广字第 8179 号

中国经济出版社 **网址** www.economyph.com **社址** 北京市东城区安定门外大街 58 号 **邮编** 100011
本版图书如存在印装质量问题，请与本社销售中心联系调换（联系电话：010-57512564）

目录
CONTENTS

1 导 言

1.1 研究背景及研究意义

农业劳动力市场，即对农业劳动力进行交易的市场，其需求方是农业生产的各类经营者，供给方主要是农村居民。农业劳动力市场不同于农村劳动力市场，前者包含了农村地区非农劳动力交易，而后者仅指以从事农业生产为目的的劳动力交易。发展中国家农业生产的主流模式是家庭农业，常常需要在农忙季节通过农业劳动力市场来弥补家庭劳动力的不足；同时，发展中国家存在的少量规模化农业生产者也需要通过市场来满足劳动力需求。因而，发展中国家内部普遍存在农业劳动力市场。世界银行（2007）对农业劳动力市场进行了描述性分析，认为农业劳动力市场具有季节性、风险性和代理问题显著等特征①。但是，总体来看，由于农业劳动力市场的非正式和补充性特征，各国的统计数据中较少包含此方面的信息，政策制定者和学术界对这一市场的关注相对较少。

我国农业于20世纪70年代末开始实施家庭承包经营制度，其核心特征是在土地集体所有制的基础上按人口平均分配土地使用权。由于当时我国农村劳动力主要从事农业生产活动，这种按人口平均分配的办法

① World Bank. World Development Report 2008: Agriculture for Development [M]. Washington D. C.: The world Bank, 2007.

大体上实现了农村生产要素的合理配置。改革开放初期，农村土地使用权的分配会根据人口的变动定期调整，后来出于对农地产权稳定的考虑，执行了“增人不增地，减人不减地”的政策，多数地区农村社区的土地使用权不再重新分配。然而，经过 40 多年的城市化和工业化，由于农户家庭人口的自然变动和农村劳动力大规模向外流动，以及农地流转规模的逐步扩大，农户之间家庭劳动与经营土地的匹配关系产生显著差异。在此背景下，农村已经出现了农业劳动力市场来实现劳动力资源的重新配置。我国农业劳动力市场的需求者主要是普通农户和新型农业经营主体，供给者主要是农户中从事农业劳动的劳动者，二者之间通过市场形成劳动雇佣关系。农业劳动力市场上的劳动者可称为“农业工资劳动者”或者“农业雇工”。在我国市场改革初期，农业劳动力市场最初的表现形式是“换工”；后来，随着农村劳动力的向外迁移、家庭经营规模差异的扩大和农村居民市场经济意识的增强，逐渐演化成以市场化的“雇工”形式为主（叶青等，2017）①。

发展中国家的农业劳动力市场常常存在明显的不完善性。总体来看，发展中国家的农业劳动力市场通常存在明显的市场分割，这种分割性可能表现为性别分割、种族分割、地理分割。在中国，农业劳动力市场同样存在这种分割性。从现有文献和实际观察来看，中国农业劳动力市场不存在明显的群体分割，比较突出的是地理分割性，即农业劳动力的流动局限在区域性市场之内，跨区域的流动规模较小（唐萍萍等，2011；马小勇等，2021）②③。从区域性市场内部来看，由于交易成本较

① 叶青，向德平，万兰芳．中国小农的生存策略与乡村社会的团结再造：基于农民间换工与雇工现象的分析[J]．学习与实践，2017（9）：109－116.

② 唐萍萍，李世平．兼业农业工人存在及发展研究：基于陕西省中部的实证研究[J]．西北人口，2011，32(2)：52－55，60.

③ 马小勇，孙逸戈．经济发达地区农业内部劳动力市场发育现状：基于对浙江温州和金华的调查[J]．中国经济报告，2021，123(1)：100－104.

高，农业劳动力常常无法实现充分流动，导致农业经营规模越大，单位土地的劳动投入越少。现有文献对此提及较少，但我们在实地调查中发现这一现象在中国农村的区域性市场上表现明显。中国农业劳动力市场的上述不完善性，对农业劳动力市场的优化配置具有显著的负面影响，也不利于通过土地流转形成适度规模经营，将会阻碍农业的现代化和乡村振兴目标的实现。

本书对市场分割背景下的中国农业劳动力市场的配置效率及其影响因素进行系统考察。这一研究工作具有较强的理论与应用价值。

第一，有助于深化发展经济学对农业劳动力市场的研究。目前发展经济学家对农业劳动力市场的理论与经验分析主要是基于南亚、非洲、拉丁美洲等的制度环境。中国作为社会主义国家，农业劳动力市场的制度环境与这些发展中国家有较大的差别。本书的研究工作建立在现代发展微观经济学、经济地理学的基础之上，将农户模型、空间经济理论和中国国情相结合，建立理论模型对中国农业劳动力市场的配置效率进行理论分析和经验检验。该研究有助于丰富发展经济学对农村劳动力市场的认识，有助于深化对中国农业生产要素配置过程的理解。

第二，有助于促进我国农业劳动力存量的优化配置。随着大规模的青壮年劳动力向非农产业转移，我国农业劳动力供应日趋紧张，目前我国农业劳动力人口的规模为1.77亿人[①]。而且，由于农业劳动力的老龄化特征，当前的农业劳动力将随着时间的推移逐步退出市场，农业劳动力的短缺将加速呈现。由于劳动力不足，目前我国农业生产已经出现了经营粗放化、复种指数降低、土地抛荒等现象（朱启臻、杨汇泉，2011）[②]。在此背景下，研究如何通过提升农业劳动力市场的统一性，

---

① 农业农村部农村社会经济调查司．中国农村统计年鉴2021[M]．北京：中国统计出版社，2021.

② 朱启臻，杨汇泉．谁在种地：对农业劳动力的调查与思考[J]．中国农业大学学报（社会科学版），2011，28(1)：162－169.

促进现有农业劳动力存量的合理流动，增加农业劳动力有效供给，是一个重要而迫切的问题。

第三，有助于推动规模经营和新型农业经营主体的发展。随着我国农村劳动力大规模向城市迁移，在农地“三权”分置的基础之上，通过经营权流转发展以家庭农场和农业合作社为主的新型农业经营主体，实现适度规模经营，是未来中国农业发展的必由之路。虽然我国未来的新型农业经营主体的主要劳动力仍将是家庭劳动力，但是，由于农业经营规模的扩大，必然需要根据实际情况补充性地使用农业工资劳动者。农业劳动力市场的完善，有利于新型农业经营主体及时地从市场获得必要的补充性劳动力，从而有利于促进农业生产中的规模经济和新型农业经营主体的发展。

第四，有助于农户稳定脱贫和增加收入。低收入农户最重要的资产是其劳动力，许多市场导向的减贫政策是为农户提供充分利用其劳动力的机会（Barrett et al.，2007）①。在我国，以耕种家庭承包土地为主的小农户将在农村长期存在，除了土地承包权，劳动力是其最重要的资产。但是，这些农户通常人力资本水平较低，生产经营能力较弱，承担风险能力较弱，在进入非农劳动力市场时往往存在技能、年龄、健康等壁垒，因而收入水平较低，是农村人口中脆弱性较强和最易返贫的群体。通过对农业劳动力配置的理论研究，促进农业劳动力市场的完善，有利于小农户充分使用其相对过剩劳动力，从而可以增加其收入，也有利于实现农村稳定脱贫的目标②。

---

① Barrett C B, sherlund S M, Adesina A A. Shadow Wages, Allocative Inefficiency, and Labor Supply in Smallholder Agriculture[J]. Agricultural Economics, 2007, 38(1): 21-34.

② 实地调研发现，许多农村社区要求当地的新型农业经营主体必须吸纳当地的贫困人口作为工资劳动者。

1.2 国内外研究现状与趋势

1.2.1 对国外农业劳动力配置效率的理论与实证研究

农业劳动力合理配置的核心原则是不同农业生产主体的边际产出相等。在市场完善的情况下，农户可以通过要素市场自由地雇入和雇出劳动力，可以根据利润最大化原则来确定农场的劳动投入水平，生产独立于消费。此时，农户的劳动投入与家庭禀赋及偏好无关，“分离特性”成立。当所有农户都实现均衡时，不同农场劳动投入的边际产出相等，劳动力配置实现帕累托最优（Ellis，1993）[①]。

经济学家以此为基准对发展中国家劳动力市场的配置效率进行了诸多经验研究。这些经验研究采用的第一类方法是直接考察边际产出和工资水平之间的差距。Jacoby （1993）[②]、Barrett 等 （2007）[③] 的研究认为，农户追求的是边际产出与市场工资或影子工资相等，并用边际产出与市场工资之间的差距来衡量劳动力市场的配置效率。这种方法的主要不足是对数据要求较高。为了避免对数据的过高要求，经济学家发展出了间接测量劳动力配置效率的第二类方法。Benjamin （1992） 的开创性研究认为，在市场不完善条件下，农户的边际产出应该与影子工资一致；而影子工资取决于家庭禀赋（土地禀赋、人口禀赋）。因此，可以用家庭禀赋与劳动使用量的相关关系来反映农业劳动力的配置效率。这种方法避免了对精确工资价格的要求，扩展了经验研究的范围[④]。Ben-

---

① Ellis F. Peasant Economics[M]. Cambridge：Cambridge University Press，1993.

② Jacoby H G. Shadow Wages and Peasant Family Labour Supply：An Econometric Application to the Peruvian Sierra[J]. The Review of Economic Studies，1993，60(4)：903 –921.

③ Barrett C B，Sherlund S M，Adesina A A. Shadow Wages，Allocative Inefficiency，and Labor Supplyin Smallholder Agriculture[J]. Agricultural Economics，2007，38(1)：21 –34.

④ Benjamin D. Household Composition，Labor Markets，and Labor Demand：Testing for Separation in Agricultural Household Models[J]. Econometrica，1992，60(2)：287 –322.

jamin（1995）的研究认为，可以用农地规模—劳动投入弹性系数来反映农业劳动力市场的配置效率①。Le（2009）、LaFave 和 Thomas（2016）、Dillon 等（2019）则根据家庭人口禀赋和劳动投入之间的相关关系来检验劳动力市场的配置效率②③④。这些研究总体上认为，发展中国家农业劳动力市场配置效率低下，而这种低效率源于劳动力市场的不完善。主流的研究（Sen，1966；Bardhan and Rudra，1981；Jacoby，1993）认为，这种不完善主要表现为包括供给和需求方面的市场约束⑤⑥⑦。另一些研究则认为市场不完善主要表现为农业劳动力市场上存在显著交易费用（Bedi and Tunali，1996；Lanzona and Evenson，1997；Barrett et al.，2007）⑧⑨⑩。

除了市场本身的不完善，市场分割也是农业劳动力市场无法达到有效率配置的重要原因。由于农业生产的地理分散性特征，农业劳动力市场存在明显的市场分割。这种市场分割限制了农业劳动力的跨地区流

① Benjamin D. Can Unobserved Land Quality Explain the Inverse Productivity Relationship? [J]. Journal of Development Economics，1995(46)：51 - 84.

② Le K T. Shadow Wages and Shadow Income in Farmers[J]. American Journal of Agricultural Economics，2009，91(3)：685 - 696.

③ LaFave D，Thomas D. Farms，Families，and Markets：New Evidence on Completeness of Markets in Agricultural Settings[J]. Econometrica，2016，84(5)：1917 - 1960.

④ Dillon B，Brummund P，Mwabu G. Asymmetric Non - Separation and Rural Labor Markets [J]. Journal of Development Economics，2019(139)：78 - 96.

⑤ Sen A K. Peasants and Dualism with or without Surplus Labor[J]. Journal of Political Economy，1966，74(5)：425 - 450.

⑥ Bardhan P，Rudra A. Terms and Conditions of Labour Contracts in Agriculture：Results of a Survey in West Bengal，1979[J]. Oxford Bulletin of Economics & Statistics，1981，43(1)：89 - 111.

⑦ Jacoby H G. Shadow Wages and Peasant Family Labour Supply：An Econometric Application to the Peruvian Sierra[J]. The Review of Economic Studies，1993，60(4)：903 - 921.

⑧ Bedi A，Tunali I. Testing for Market Imperfections：Participation in Land & Labor Contracts in Turkish Agriculture[R]. Economic Research Forum，1996.

⑨ Lanzona L，Evenson R E. The Effects of Transaction Costs on Labor Market Participation and Earnings：Evidence from Rural Philippines Markets[R]. New Haven：Economic Growth Centre，Yale Vniversity，1997.

⑩ Barrett C B，Sherlund S M，Adesina A A. Shadow Wages，Allocative Inefficiency，and Labor Supplyin Smallholder Agriculture[J]. Agricultural Economics，2007，38(1)：21 - 34.

动，使各地区劳动力的边际产出存在明显差异，从而导致农业劳动力配置效率无法达到理想状态。Rosenzweig（1978）对印度的经验研究表明，各地区的农业劳动力价格受到各地供求状况的显著影响，这说明各个地区之间存在市场分割，农业劳动力在较小的区域中流动较为充分，但是跨地区的流动存在明显阻碍①。Binswanger 和 Rosenzweig（1981）认为，地理分割性是农业劳动力市场的重要特征，产生地理分割性的主要原因是信息不对称和土地市场缺乏。信息不对称问题导致了雇用远处的陌生人会产生较高的监督成本；而土地市场的缺乏导致农户长久全家迁移的成本较高②。Leavy 和 White（2000）对非洲的研究表明，农业劳动力市场地理分割性形成的原因是信息不对称使农户更加愿意雇用邻近或者有亲戚关系的农业劳动力③。Deshingkar 和 Farrington（2006）、Reddy（2014）在南亚的研究发现，种姓、民族和性别等因素都可能导致农业劳动力市场的分割④⑤。

1.2.2 对中国农业劳动力配置效率的理论与实证研究

许多学者（鲁先凤，2008；李义波、弓路沙，2011；向倩雯，2016；王颜齐等，2017）对中国农业劳动力市场的产生原因及其特征进行了研究。这些研究认为，农业劳动力市场出现和扩大的原因是土地流转和农业劳动力向非农产业的转移，具有临时性、自发性、流动性等特

---

① Rosenzweig M R. Rural Wages, Labor Supply, and Land Reform: A Theoretical and Empirical Analysis[J]. The American Economic Review, 1978, 68(5): 847 - 861.

② Binswanger H P, Rosenzweig M R. Contractual Arrangements, Employment and Wages in Rural Labor Markets: A Critical Review[M]. New York: Agricultural Development Council, Andhra Pradesh: International Crops Research Institute for the Semi - arid Tropics, 1981.

③ Leavy J, White H. Rural Labour Markets and Poverty in Sub - Saharan Africa [R]. Brighton: Institute of Development Studies, University of Sussex, 2000.

④ Deshingkar P, Farrington J. Rural Labour Markets and Migration in South Asia: Evidence from India and Bangladesh[R]. Background Paper for the World Development Report, 2006.

⑤ Reddy A A. Rural Labor Markets: Insights from Indian Villages[J]. Asia - pacific Development Journal, 2014, 21(1): 107 - 136.

征，农业雇工群体具有女性化、老龄化、低人力资本的特征[①②③④]。唐萍萍和李世平（2011）的研究指出，农业雇工具有明显的地域性（分割性）特征[⑤]。

一些学者借鉴 Benjamin（1992）的分析[⑥]对中国农业劳动力市场配置效率进行了研究。Benjamin 和 Brandt（2002）基于河北和辽宁的数据进行的经验研究发现，农户土地规模和农户单位土地劳动投入之间存在反向关系[⑦]。Bowlus 和 Sicular（2003）基于山东邹平调查数据的经验研究发现，中国农户的劳动力需求与家庭规模之间存在正向关系[⑧]。梁义成等（2010）、Lu 和 Wang（2014）的研究也得出了类似的结论[⑨⑩]。这表明中国农业劳动力市场存在明显的不完善性，劳动力配置偏离了帕累托最优。

同时，现有研究也注意到了中国农村社区（地区）间农业劳动力配置效率的差异。Benjamin 和 Brandt（2002）强调了不同地区非农就业机

---

① 鲁先凤．中国现阶段农业雇工的特征与成因简析[J]．理论月刊，2008，324(12)：154－157.

② 李义波，弓路沙．农民合作行为变化与社会变迁的微观机制：以华北平原 S 村为例[J]．中国农村观察，2011，97(1)：39－48.

③ 向倩雯．农村空心化背景下的农业雇工现状与特征简析[J]．中国农业资源与区划，2016，37(11)：158－162.

④ 王颜齐，毕欣宁，李玉琴．土地规模化流转背景下农业雇工受雇现状及问题分析[J]．农业经济与管理，2017，46(6)：36－42.

⑤ 唐萍萍，李世平．兼业农业工人存在及发展研究：基于陕西省中部的实证研究[J]．西北人口，2011，32(2)：52－55，60.

⑥ Benjamin D. Household Composition, Labor Markets, and Labor Demand: Testing for Separation in Agricultural Household Models[J]. Econometrica, 1992, 60(2): 287－322.

⑦ Benjamin D, Brandt L. Property rights, labour markets, and efficiency in a transition economy: The case of rural China[J]. Canadian Journal of Economics, 2002, 35(4): 689－716.

⑧ Bowlus A, Sicular T. Moving toward markets? Labor allocation in rural China[J]. Journal of Development Economics, 2003, 71(2): 561－583.

⑨ 梁义成，李树苗，费尔德曼，等．农户的非农参与和农业劳动供给研究：来自中国西部山区的证据[J]．统计与信息论坛，2010，25(5)：91－96.

⑩ Lu Chen, Wang Yuyu. The Separation of Agricultural Household: Evidence from China[C]//International Conference on Education, Management and Social Science. Amsterdam: Atlantis Press, 2014: 34－37.

会差异对不同农村社区农业劳动力配置效率的影响①；Bowlus 和 Sicular（2003）强调了不同地区土地规模差异对农业劳动力配置效率的影响，并明确指出，中国农业劳动力配置中更基本问题是缺乏村庄和地区间劳动力流动的机制②。朱喜等（2011）的研究直接采用边际产出和市场价格的差距来度量农业劳动力市场的配置效率，也得出了类似的结论③。这些研究工作实际上已经间接地（有的甚至直接地）说明中国农业劳动力市场存在分割性的特征。

1.2.3 简评

总体来看，目前国际发展经济学领域已经对农业劳动力配置问题进行了较为深入的理论与实证研究，形成了较为成熟的理论与实证分析方法；国内学者也已经对中国农业劳动力市场及其配置效率从多个角度进行了实证考察。但是，从进一步深入理解中国农业劳动力市场的角度来看，仍然有以下问题有待解决。

第一，未能将市场分割性特征纳入理论模型。中国农业劳动力市场存在明显的分割性特征。现有文献考虑了发展中国家农业劳动力市场的不完善性，Bowlus 和 Sicular（2003）的研究直接指出了中国农业劳动力市场的分割性问题④。但是，现有研究还没有正式将农业劳动力市场的分割性作为理论假设纳入理论模型中，也没有对该问题从经验上进行充分说明。

第二，未能考虑农业劳动力市场的交易成本。由于农业生产的分散

---

① Benjamin D, Brandt L. Property Rights, Labour Markets, and Efficiency in a Transition Economy: The Case of Rural China[J]. Canadian Journal of Economics, 2002, 35(4): 689 – 716.

② Bowlus A, Sicular T. Moving toward Markets? Labor Allocation in Rural China[J]. Journal of Development Economics, 2003, 71(2): 561 – 583.

③ 朱喜，史清华，盖庆恩．要素配置扭曲与农业全要素生产率[J]．经济研究，2011（5）：86 – 98.

④ Bowlus A, Sicular T. Moving toward Markets? Labor Allocation in Rural China[J]. Journal of Development Economics, 2003, 71(2): 561 – 583.

性特征，农户居住分散，这就使农业劳动力的流动有更长的地理距离，信息不对称问题较为突出，从而导致较高的交通成本和监督成本。较高的交易成本是农业劳动力市场的重要特征，但是目前对国内农业劳动力市场的研究尚未考虑到这一问题。

第三，未能对农地流转和农业劳动力市场之间的关系进行系统的理论与经验研究。农地流转和农业劳动力市场存在紧密关系，现有文献对这一关系进行了分析，但未能将农户农业劳动力供求行为与农地流转关系的分析建立在农业家庭模型（AHM）之上，从而不能从市场完善性与资源优化配置的角度对农户劳动力供求行为进行系统的理论解释。

第四，实证研究需要更高质量的数据。对农业劳动力配置效率的研究需要农业生产活动的详细数据。但是，现有数据要么考察详细但样本量较小，要么样本量较大但不够详细。为了进行更加严谨且有效的实证检验，需要根据研究农业生产要素配置效率的要求获得较详细的大样本数据。

1.3　中国农业劳动力市场的几个特征事实

除了分割性这一基本特征，中国农业劳动力市场还具有以下特征。

第一，以农地社会主义集体所有制为基础。我国农地制度的基本特征是在集体产权的基础上按人口平均分配土地使用权，这种农地制度决定了每个农户拥有足以保障其基本生活的土地。这就使我国的农业劳动力市场具有了三个方面的具体特点：①不同于部分发展中国家无地农民以农业工资劳动为主要收入来源，中国的农业劳动者主要是兼业从事农业工资劳动；②由于兼业的特征，中国农业劳动力的跨地区流动较少，并且多为临时性流动；③中国农业劳动力市场上的供给者与需求者具有平等的社会地位，具有较强的谈判能力。

第二，市场化程度较高，农户生产决策独立于消费决策。发展经济学家在对非洲等地区的研究中发现，农户的生产活动受到消费决策的影响。中国农业劳动力市场所面临的环境与这些地区有显著差别。经过40余年的市场化改革，社会主义市场经济体制已经基本确立，农村的经济发展也已经达到较高水平，农村要素市场已经取得长足进步，农业劳动力市场已经基本形成，从而使农户可以相对独立地进行生产决策，受消费决策影响较小。这就使我们在考察农业劳动力市场的供给和需求时可以聚焦于农户的生产行为。

第三，农户家庭是农业劳动力市场的主要交易主体。当前中国的农业生产主体仍然主要是农户，因此，农业劳动力市场的供给者和需求者以农户为主，多数农户既是农业劳动力的供给者，又是农业劳动力的需求者，供给者和需求者的角色可以相互转换。当然，随着我国新型农业经营主体的发展，也有企业型农业生产主体成为农业劳动力市场的需求者，这种情况在经济发达地区尤其明显；还出现了少量农业劳动者以农业工资劳动作为主要收入来源的情况。

与其他发展中国家相比，中国农业劳动力市场既有其一般性，也有其特殊性，对中国农业劳动力市场的研究，应该在现有发展经济学理论的基础上，充分考虑以上特征。

1.4 研究内容与研究方法

1.4.1 本书的主要内容

除了本章对全书的内容进行概括性介绍以外，本书其余部分包括以下4章。

第2章借鉴新经济地理学的分析方法，对我国农业劳动力市场的分割状态进行了理论分析，并以此为基础对财政交通支出、市场制度环境和农业劳动力市场分割之间的关系进行了实证检验。结果发现：第一，我国农业劳动力市场分割呈现出地级市区域、省级区域、全国范围依次增强的状态；第二，交通财政支出对市场分割状态有显著的负向影响，在经济欠发达地区表现得尤其显著；第三，区域市场制度环境在经济欠发达地区对农业劳动力市场分割状态有负向影响，但是其稳健性有待进一步检验。

第 3 章通过理论分析和实证检验，以交易成本为基础分析了我国农地规模—劳动投入逆向关系的产生，并分析农地流转市场和非农就业市场对该关系的影响。分析表明，我国农业中的确存在农地规模—劳动投入逆向关系，这种关系的强弱主要受到交易成本水平的显著影响；农地流转市场的发展可以弱化该关系，但是非农就业水平对该关系没有显著影响；农地规模—劳动投入逆向关系对产出水平的负向影响可以在一定程度上被新技术的采用抵消。

第 4 章以农业家庭模型为基础，分析了市场不完善条件下农地流转影响农户农业劳动力供求（雇出与雇入）的机制，并在此基础上运用中国家庭追踪调查数据对该影响机制从供给与需求、地区差异等角度进行了系统的实证检验。结果表明：第一，农地禀赋对农户农业劳动力供求行为没有影响；农地转出对农户农业劳动供给力（雇出）行为有显著的正向影响，农地转入对农户农业劳动力需求（雇入）行为有显著的正向影响。这说明我国目前的农业劳动力市场较大程度上是为适应农地流转和农地规模化经营的需要而产生的。第二，农地流转影响农户农业劳动力供求的边际效应较小，这反映了我国农业劳动力市场还存在着不完善性。第三，经济欠发达地区部分农户在转出承包土地后从事农业雇工劳动，显示了目前我国的小农户在面对复杂多变的大市场时面临着困难，说明了我国在农村地区发展新型农业经营主体的必要性和可行性。

第 5 章是对陕西和浙江农业劳动力市场进行实地调查的报告，上篇是陕西省西安市周至县和宝鸡市凤翔区农业劳动力市场的调查报告，下篇是浙江省温州市和金华市农业劳动力市场的调查报告。调查报告从农业生产格局、供求双方特征、搜寻方式、农业劳动力价格等角度对经济欠发达地区和经济发达地区中国农业劳动力市场进行了分析。结果发现，两个地区的农业劳动力市场在市场价格、供求双方特征、市场范围等方面存在显著差异。共同之处在于由于农村土地社会主义集体所有制和熟人社会的特征，供求双方地位平等，社会关系和谐。

以上几个部分的逻辑关系是：第 2 章从总体上考察农业劳动力市场的地理分割。市场分割性表现为各个地区市场价格因为贸易成本的存在而产生的差异，考察的主要目的是分析农业劳动力市场的总体地理分割性特征及其影响因素。第 3 章考察局部市场内的不完善性。即使在价格统一的区域性市场上，由于存在递增的交易成本，各类规模的农户实际上面临着不同的劳动力成本，从而导致其劳动力使用行为的差异，该章对这一现象从理论上与实证上进行了考察。第 4 章则是从一般均衡的角度去考察农地市场和劳动力市场的关系，发现农地规模的调整带来的劳动力供求的变化较为有限，从而进一步说明了劳动力市场存在不完善性。第 5 章是基于对陕西和浙江的实地调查而形成的调查报告，提供了对现实的中国农业劳动力市场更加具体的描述，是对上述抽象理论分析的案例支持。

1.4.2 本书的研究方法

1.4.2.1 理论分析方法

本书的研究工作主要基于发展微观经济学，其中农户模型是本书思考问题的出发点。传统农户模型的核心是生产和消费的不可分性，文献中对农业劳动力市场的考察多为分析这种不可分性给农业劳动力配置带来的不利影响。本书的研究虽然基于这些文献，但是事实上，中国农户经过长期的市场化和工业化过程以后，其生产行为与消费行为已经基本分离。因此，本书事实上是基于生产与消费分离的前提来分析中国农业劳动力的配置问题。

本书对农业劳动力市场的分析还采用了新制度经济学中的交易成本的概念。根据弗鲁博顿和芮切特（2012）的概括，交易成本是市场中人与人交往的费用，主要包括搜寻费用、谈判签约费用、执行合同的费用[①]。这是一种狭义的交易费用的概念。有的学者使用的交易费用包括的内容更为广泛，包括了经济主体参与市场的所有耗费。具体到农业劳动力市场来说，交易成本是农业劳动者参与市场的全部成本，包括搜寻和谈判费用、执行合同费用、培训和适应费用、交通餐饮费用（Ellis，1993）[②]。这些费用的存在，是农业劳动力市场不完善性的重要来源。本书所使用的交易费用的概念，是广义的交易费用。

此外，本书的研究借鉴了经济地理学的研究方法，以分析农业劳动力市场呈现出的区域分割特征。

1.4.2.2 社会调查方法及数据获取方法

本书努力将研究工作建立在实地调查的基础之上。在课题研究的初期阶段，课题组在陕西、河南、四川等地进行了初步的访谈式的试调查，以直观了解我国农业劳动力市场的实际情况。在此基础上，结合文献研究，课题组设计结构式问卷，展开更大规模的典型调查。典型调查主要选择了浙江和陕西两个省份，分别代表经济发达地区和经济欠发达地区，最终形成调查报告 2 份。

现有的调查和统计工作对农业劳动力市场的关注较少。中国家庭追踪调查（China Family Panel Studies，CFPS）提供了家庭农业劳动力雇入与雇出的信息，本书根据该调查中 2014 年和 2018 年两轮的数据讨论

---

① 埃里克·弗鲁博顿，鲁道夫·芮切特．新制度经济学：一个交易费用分析范式[M]．上海：上海三联书店，上海人民出版社，2012.

② Ellis F. Peasant Economics[M]. Cambridge：Cambridge University Press，1993.

了农地流转对农户参与农业劳动力市场行为的影响。农业农村部全国农村固定观察点调查（以下简称“农村固定观察点调查”）提供了关于农户农业劳动投入的数据，本书根据该调查2013年和2018年两轮的数据考察了由交易成本所导致的农地规模—劳动投入逆向关系。为了考察农业劳动力市场分割问题，课题组于2020—2021年通过电话调查获取了全国2681个乡镇的农业劳动力价格数据，据以考察农业劳动力市场的分割性特征并对其影响因素进行考察。此外，课题组还从中国知网所提供的全国、省级和地市级统计年鉴获取研究所需要的数据。

1.4.2.3 计量分析方法

本书对市场分割的测量采用了价格法，即通过计算不同层次区域（包括地市级、省级、全国）劳动力价格变异系数来反映其市场分割程度；通过农地规模—劳动投入弹性系数的大小来反映农业劳动力的配置效率。根据数据特点，本书的计量分析分别使用了普通最小二乘回归分析、Logit回归分析、Tobit回归分析等计量分析方法。在对面板数据的分析中根据实际情况采用了混合回归、固定效应回归和随机效应回归等分析方法。在基准回归的基础上，通过多种方法检验实证结果的稳健性，并根据实际需要对异质性和传导机制进行了分析。对于可能的内生性问题，根据相应的数据特征进行了处理或说明。

1.4.3 本书的边际贡献

第一，对中国农业劳动力市场的分割性进行了系统分析。主要的贡献包括：①借鉴经济地理学的理论，提供了一个分析财政交通支出、市场制度环境，以及经济发展水平、地理等因素影响农业劳动力市场分割性的简单理论框架。②运用价格法，从地级市层面、省级层面、全国层面对农业劳动力市场的分割性进行了测量，发现我国农业劳动力市场的确存在局部区域内的统一性和区域间的分割性并存的特征。③对财政交通支出、市场制度环境和农业劳动力市场分割性之间的关系进行了较为系统的实证检验，发现二者在经济欠发达地区对农业劳动力市场分割性的影响更为显著。

第二，对我国农业的农地规模—劳动投入逆向关系进行了系统分析。主要贡献包括：①在农户模型的基础上引入递增的交易成本，从理论上阐明了我国农业中农地规模—劳动投入逆向关系产生的机制。②运用全国性微观数据，对农地规模—劳动投入逆向关系进行了经验检验，并说明了递增的交易成本是导致该逆向关系的主要因素，分析了该逆向关系与农地规模—农业产出逆向关系的关联。

第三，对农地流转市场与农业劳动力市场之间的关系进行了系统分析。主要贡献表现在以下两个方面：①以经典的农业家庭模型为基础，阐明了市场不完善条件下农地流转影响农户农业劳动力供求的经济机理。②运用覆盖全国且相关变量较全的中国家庭追踪调查数据进行较为系统的实证检验，发现农户农业劳动力供求行为与农地禀赋无关，主要受到农地流转的影响，但这一影响并不充分（边际效应较小）。

第四，对我国农业劳动力市场进行了覆盖全国的案例调查。本项研究的案例调查涉及全国，较为深入的调查分别在经济欠发达的陕西省和经济发达的浙江省展开，形成了调查报告并进行了对比分析。此外，研究团队还对山西、湖南等中部地区进行了调查，形成了调查报告。

2 财政交通支出与农业劳动力市场的分割

摘　要： 我国农业劳动力市场呈现出区域内的充分流动与区域间的市场分割并存的状态，这种市场分割状态会降低农业劳动力的配置效率。从经济地理学的角度来看，农业劳动力市场的分割程度主要取决于交通基础设施和市场制度环境所决定的劳动力流动成本。本章利用农业劳动力价格变异系数度量农业劳动力市场的市场分割程度，考察了累计财政交通支出和市场制度环境对农业劳动力分割性的影响。结果发现：第一，我国农业劳动力市场分割呈现出地级市区域、省级区域、全国范围依次增强的状态；第二，财政交通支出可以降低农业劳动力市场的分割程度，这一效应在经济欠发达地区表现尤为显著；第三，市场制度环境的改善在经济欠发达地区有助于降低市场分割程度，但是这一影响不稳健。这意味着在经济欠发达地区财政交通支出的增加和市场制度环境的改善有助于提高农业生产要素的配置效率。

2.1 引言

随着农村劳动力向非农产业的转移，以及农地流转规模的扩大和新型农业经营主体的发展，我国以农户为主的农业经营主体之间的农地—劳动匹配关系产生了显著的差异，已经形成了具有一定规模的农业劳动力市场。这种自发形成的农业劳动力市场对于农业生产要素的合理配置、新型农业经营主体的发展以及稳定农业产出具有重要的作用。但是，由于农村和农业本身的特点，我国农业劳动力市场虽然在各个局部区域内部形成了统一的市场，但总体来看农业劳动力的流动范围受限，主要在本村及邻近村庄流动，跨区域的流动较少，区域之间存在显著的分割性特征（Bowlus and Sicular，2003；唐萍萍、李世平，2011；马小勇、孙逸戈，2021）①②③。图2－1显示了各省份的农业劳动力价格的平均值及其标准差。从图中可以看到，无论是各省份之间还是各省份内部，农业劳动力价格都存在明显的差异，这说明农业劳动力市场的确存在较为明显的分割性的特征。

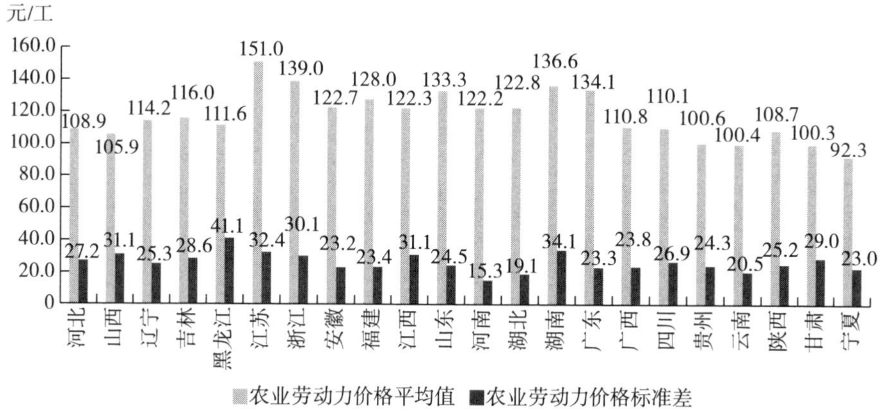

图2－1　各省农业劳动力价格的平均值及标准差

资料来源：教育部人文社科研究项目“市场分割背景下的农业劳动力配置效率研究”课题组的电话调查，具体参见后文说明。

注：图中的单位为元/工。“工”是我国农村度量农业劳动量的粗略单位，为1位劳动者1天的劳动量。

地区间市场分割的主要决定因素是贸易成本，包括运输成本以及由于交易规则、信息和文化差异所形成的成本（库姆斯等，2020）④。就

① Bowlus A, Sicular T. Moving toward Markets? Labor Allocation in Rural China[J]. Journal of Development Economics, 2003, 71(2): 561－583.

② 唐萍萍，李世平．兼业农业工人存在及发展研究：基于陕西省中部的实证研究[J]．西北人口，2011，32(2)：52－55，60.

③ 马小勇，孙逸戈．经济发达地区农业内部劳动力市场发育现状：基于对浙江温州和金华的调查[J]．中国经济报告，2021，123(1)：100－104.

④ 皮埃尔－菲利普·库姆斯，等．经济地理学：区域和国家一体化[M]．安虎森，等译．北京：中国人民出版社，2020：92－100.

农业劳动力市场分割而言，其主要决定因素是农业劳动力较高的流动成本，该成本主要取决于交通基础设施和市场制度环境。本章计划基于要素优化配置理论和经济地理学，分析交通基础设施和市场制度环境对农业劳动力市场分割性的影响，进而探讨降低农业劳动力市场分割性的途径。这项研究工作对于促进农业劳动力统一市场的形成，对于提高农业劳动力配置效率以及农业产出和农民收入水平，对于"打破地方保护和市场分割""加快建立全国统一大市场"① 均具有重要意义。而且，随着农村青壮年劳动力大规模地向非农产业转移和留守劳动力的逐渐老龄化，农村劳动力渐趋短缺，通过消除市场分割实现农村劳动力的合理使用，对于稳定我国的农业生产和食品供给具有重要而紧迫的意义。

已经有诸多研究发现了中国农业劳动力市场的分割性特征。Bowlus 和 Sicular（2003）的研究注意到，中国农业劳动力市场局部性的充分竞争和整体分割性并存的事实。他们的研究发现，土地短缺的村庄存在劳动力过剩而土地丰裕的村庄存在劳动力短缺，其原因是虽然村庄内部可以实现较好的劳动力配置，但缺乏村庄间劳动力流动的机制②。朱喜等（2011）的研究采用边际产出和市场工资的差距来度量农业劳动力市场扭曲程度（配置效率的损失），发现中国农业劳动力市场存在着较为显著的扭曲，并且这种扭曲存在显著的地区差异，这实际上反映了农业劳动力市场的分割③。唐萍萍和李世平（2011）、马小勇和孙逸戈

---

① 中共中央国务院关于加快建设全国统一大市场的意见[EB/OL].（2022－03－25）. http://www. gov. cn//2022－04/10/content5684385. htm.

② Bowlus A, Sicular T. Moving toward Markets? Labor Allocation in Rural China[J]. Journal of Development Economics, 2003, 71(2): 561－583.

③ 朱喜，史清华，盖庆恩．要素配置扭曲与农业全要素生产率[J]．经济研究，2011（5）：86－98.

(2021)在陕西和浙江的调查都注意到了农业劳动力市场区域性特征[①][②]。这些研究工作实际上已经注意到了中国不同地区农业劳动力市场存在分割性的特征，但并未对该特征进行充分的理论和经验分析。

对于我国市场分割的决定因素，学者们主要强调了制度因素和交通基础设施的影响。早期的研究主要强调制度因素对市场分割的影响。Young（2001）[③]、林毅夫和刘培林（2003）[④]、Poncet（2010）[⑤]、刘小勇和李真（2008）[⑥]、陆铭和陈钊（2009）[⑦] 等的研究认为，由赶超战略、财政分权、追求社会稳定等因素而产生的地方保护主义是市场分割形成的原因。后期的研究比较关注交通基础设施在市场分割中的重要影响。范欣等（2017）[⑧]、董洪超和蒋伏心（2020）[⑨]、孙博文和尹俊（2021）[⑩] 基于新经济地理学的研究指出，以交通为主的基础设施建设可以降低运输成本、提高交易效率，从而有助于缓解市场分割问题。现有文献对国内劳动力市场分割的研究主要集中在非农劳动力领域。研究工作集中于户籍制度、所有制、行业等因素对劳动力市场分割的影响（姚洋，2004；

① 唐萍萍，李世平．兼业农业工人存在及发展研究：基于陕西省中部的实证研究[J]．西北人口，2011，32(2)：52－55，60.

② 马小勇，孙逸戈．经济发达地区农业内部劳动力市场发育现状：基于对浙江温州和金华的调查[J]．中国经济报告，2021，123(1)：100－104.

③ Young A. The Razor's Edge：Distortions and Incremental Reform in the People's Republic of China [D]. NBER：Working Paper Series，2000.

④ 林毅夫，刘培林．中国的经济发展战略与地区收入差距[J]．经济研究，2003(3)：19－25，89.

⑤ Poncet S. A Fragmented China：Measure and Determinants of Chinese Domestic Market Disintegration[J]. Review of International Economics，2010(13)：409－430.

⑥ 刘小勇，李真．财政分权与地区市场分割实证研究[J]．财经研究，2008，315(2)：88－98.

⑦ 陆铭，陈钊．分割市场的经济增长：为什么经济开放可能加剧地方保护？[J]．经济研究，2009，44(3)：42－52.

⑧ 范欣，宋冬林，赵新宇．基础设施建设打破了国内市场分割吗[J]．经济研究，2017，52(2)：20－34.

⑨ 董洪超，蒋伏心．交通基础设施对中国区域市场一体化的影响研究：基于动态面板模型的实证分析 [J]．经济问题探索，2020，454(5)：26－39.

⑩ 孙博文，尹俊．交通投资何以实现高质量的市场一体化：基于地理性与制度性市场分割的视角 [J]．宏观质量研究，2021，9(1)：113－128.

姚先国、赖普清，2004；叶林祥等，2011）[①②③]；陈立泰等（2017）[④]、刘劭睿等（2021）[⑤] 还对劳动力市场分割的空间与时间变化进行了分析。

中国农业劳动力市场存在显著的分割性特征，这种特征限制了农业劳动力的合理配置和新型农业经营主体的发育。总体来看，对农业劳动力市场分割性的研究较少。虽然也出现了一些涉及农业劳动力市场分割性的文献，但尚未有文献对我国农业劳动力市场分割性进行直接度量，并在此基础上对其影响因素进行系统的理论与实证分析。这与现有数据条件下对农业劳动力市场分割的测量困难有关。由于市场分割指数测算的核心思想是测算价格的变异程度，而每个价格变异程度的测算都需要足够多（通常至少 10 个）的农业劳动力价格数据，这就对农业劳动力市场价格的数据量提出了较高的要求。例如，要计算 200 个市场分割指数，至少需要 2000 个局部市场的农业劳动力价格数据，但是，现有的包含农业劳动力价格数据的样本量都难以满足这一要求[⑥]。

本章将以全国范围内调查所得的农业劳动力价格数据为基础，考察财政交通支出、市场制度环境等因素对市场分割的影响，以期更加深入地理解农业劳动力市场的分割性，提出有价值的政策建议。本章的边际贡献在于：第一，借鉴微观经济学的资源配置理论和经济地理学的冰山理论，对财政交通支出、市场制度环境等因素影响农业劳动力市场分割性及农业劳动力配置效率的机制进行了初步的理论分析。第二，运用价格法，分别从地级市层面、省级层面、全国层面对农业

---

① 姚洋．土地、制度和农业发展[M]．北京：北京大学出版社，2004.

② 姚先国，赖普清．中国劳资关系的城乡户籍差异[J]．经济研究，2004(7)：82－90.

③ 叶林祥，李实，罗楚亮．行业垄断、所有制与企业工资收入差距：基于第一次全国经济普查企业数据的实证研究[J]．管理世界，2011（4）：26－36，187.

④ 陈立泰，李金林，叶长华．长江经济带城市群劳动力市场一体化测度及影响因素：基于劳动力工资视角的分析[J]．华东经济管理，2017，31(3)：5－12.

⑤ 刘劭睿，李钏，樊佳琪．中国劳动力市场分割的时空演化研究[J]．人口学刊，2021，43(6)：14－27.

⑥ 参见本章第 3 部分的说明。

劳动力市场的分割性进行了测量，发现我国农业劳动力市场的确具有局部区域内的统一性和区域间的分割性并存的特征。第三，对财政交通支出、市场制度环境和农业劳动力市场分割性之间的关系进行了较为系统的实证检验，发现二者在经济欠发达地区对农业劳动力市场分割性的影响更为显著。

2.2 研究假说

2.2.1 市场分割与配置效率

假设总体的农业劳动力市场被分割为若干区域性农业劳动力市场（以下简称“区域性市场”），农业劳动力在区域性市场内部可以充分流动而在区域性市场之间的流动存在障碍。此时，区域性市场内部会形成统一价格，区域性市场之间则存在价格差异，后者可以反映总体农业劳动力市场的分割程度以及农业劳动力的配置效率。具体而言，在各个区域性市场内部，由于劳动力可以充分流动，供求关系决定了统一的劳动力价格水平；在农户行为实现均衡时，农业劳动投入的边际产出水平（等于劳动力价格）也就被决定。由于各个农户面对的是共同的劳动力价格，各个农户农业生产的边际产出必然相等，区域性市场内部的劳动力配置效率达到最优。如果区域性市场之间劳动力完全不能流动，则由于供求关系的不同，各个区域性市场之间必然存在价格差异，由于各个区域性市场内部农户农业生产的边际产出分别等于其市场价格，各个区域性市场之间农业生产的边际产出必然不等；各个区域性市场价格差异越大，边际产出的差异也就越大，总体农业劳动力市场的配置效率也就越低。

假定有 N 个区域性市场，设 $n=1, 2, 3, \cdots, N$，代表不同区域性市场的下标；每个区域性市场有 M 个农户，设 $m=1, 2, 3, \cdots, M$,

代表不同农户的下标。P_n 表示区域性市场劳动力的价格，MP_{nm} 表示区域性市场上每个农户的边际产出。在区域性市场实现均衡时，所有农户的边际产出等于其统一的市场劳动力价格，于是有

$$MP_{nm} = P_n = MP_n \tag{2-1}$$

此时，区域性市场内部各个农户的边际产出相等，劳动力配置实现了最优。

如果各个区域性市场之间的劳动力流动完全没有成本，这意味着市场是完全统一的，则根据“一价法则”，各个区域性市场的农业劳动力价格会趋于一致，即有

$$P_i = P_j, \forall i,j \tag{2-2}$$

其中，$i,j \in \{1,2,3,\cdots,n\}$。根据式（2-1）可得

$$MP_i = MP_j, \forall i,j \tag{2-3}$$

其中 MP_i、MP_j 表示不同区域性市场的（统一的）边际产出。此时，农业劳动力实现了跨区域的帕累托最优配置。

如果劳动力不能跨区域流动，各个区域性市场之间是分割的，其市场劳动力价格由其各自的供求关系决定，一般而言存在差异，即

$$P_i \neq P_j \tag{2-4}$$

同理，根据式（2-1），一般有

$$MP_i \neq MP_j, \forall i,j \tag{2-5}$$

这意味着各个区域性市场之间劳动力边际产出有差异，不能实现劳动力配置最优。各个区域性市场价格差异越大，意味着边际产出差异越大，劳动力配置偏离最优状态的程度就越高。

2.2.2 套利、流动成本与市场分割

事实上，市场既不是完全分割的，也不是完全统一的，农业劳动力可以在区域性市场之间流动，但是这种流动存在障碍。最初，由于各个区域性市场供求关系的不同，存在劳动力价格差异，此时农业劳动力可以通过跨区域流动来套利，该行为会缩小价格差异，从而提高劳动力的

配置效率。但是，市场分割的存在意味着劳动力的流动是有成本的，这种劳动力流动成本的存在将套利行为限制在一定范围之内。所以，在存在套利行为的情况下仍然会存在一定的价格差异。假设任意两个局部性市场，价格分别为 P_i 和 P_j ，则有

$$\Delta P = P_i - P_j \tag{2-6}$$

进一步设定 $\overline{C} > 0$ 为流动成本，显然有

$$-\overline{C} < \Delta P < \overline{C} \tag{2-7}$$

可见，劳动力价格差异受到 $\overline{C}$（流动成本）的约束。在区域之间劳动力流动均衡的情况下，劳动力价格不会存在超过流动成本的差异。因为超过流动成本的价格差会引发套利行为，直至价格差异不大于流动成本才可以形成均衡。可见，劳动力价格差异的上限是由劳动力流动成本决定的。在由农业劳动力流动成本所限制的范围内，即在流动成本约束未能束紧的情况下，农业劳动力价格差异还受到经济发展水平差异和农业收入差异等因素的影响（Samuelson，1952）①。

由以上分析可知，农业劳动力流动成本是市场分割程度的重要决定因素。农业劳动力的流动成本主要包括以下两个方面：第一，交通费用。交通费用主要表现为通勤过程中时间和精力的耗费，较差的交通基础设施会耗费农业劳动力更多的时间和精力，阻碍农业劳动力在更大范围内进行合理配置。第二，市场交易成本。在劳动力交易的过程中，存在为了减少信息不对称所产生的收集信息的费用、在签订合同过程中讨价还价的费用，以及事后解决纠纷的费用。如果这两个方面的费用能够降低，则套利行为可以更加充分，价格差异可以尽可能缩小，于是边际产出差异缩小，农业劳动力配置效率提高。

交通费用取决于交通基础设施水平，可以较好地衡量一个地区交通

① Samuelson P. The Transfer Problem and Transport Costs[J]. Economic Journal, 1952,62(246): 278-304.

基础设施水平的指标是历史上该地区政府对交通基础设施的投入水平。市场交易费用取决于农业劳动力市场本身的发育和规范水平，而农业劳动力市场的发育和规范水平则取决于当地整体的市场制度环境。据此可以提出以下假说：

假说 1：累计的财政交通支出水平越高，农业劳动力市场的分割程度越低。

假说 2：整体市场制度环境水平越高，农业劳动力市场的分割程度越低。

2.3 实证研究设计

2.3.1 数据来源

本章选择地级市数据来考察财政交通支出、市场制度环境与农业劳动力市场分割之间的关系，主要是基于以下理由：第一，从我国的实际情况来看，地级市通常处于同一地理单元内，实践中农业劳动力的跨县流动已经较多出现，考察农业劳动力在地级市范围内的流动具有更强的实际意义。第二，我国地级市数量较多，各个地级市内部农业劳动力流动状况差别较为显著，可以满足计量分析对样本量和被解释变量变异性的要求。第三，现有的数据库提供了较多的地级市经济社会指标，便于考察财政交通支出等因素对市场分割性的影响。

在现有的微观数据中，仅有中国家庭追踪调查直接提供了村级农业劳动力价格数据，但由于该数据仅包含了 327 个农村社区，不能满足计算地级市分割指数的要求，而且，该数据不公开样本所属地市及区县信息，无法考察地级市交通状况及其他因素对农业劳动力市场分割指数的影响。农村固定观察点调查所提供的变量可以间接推算村级农业劳动力价格，但是总共仅涉及 373 个村庄，同样无法计算地级市层面的农业劳动力市场分割指数。因此，上述数据都不能满足本章研究工作的需要。

考虑到上述情况，教育部人文社科研究项目“市场分割背景下的农业劳动力配置效率研究”课题组于2020年3月至2021年6月，对全国22个以种植农业为主的省份的全部地级市①，采取分段随机抽样的方法，通过电话调查获取到农业劳动力价格数据。抽样的具体方法为：每个地级市随机抽取3个县，每个县随机抽取4个乡镇，每个地级市共抽取12个乡镇。电话调查的对象主要为乡镇涉农干部②，调查询问的问题是“您所在乡镇雇用普通农业劳动力的价格为多少？（1人劳动1日的价格，也就是每个‘工’的价格；如果男工和女工有差异，则取平均值）”。课题组最后对所获数据进行了抽检回访以确保数据质量。最终在全国范围内总共获得2681个农业劳动力价格数据。

此外，本章所使用的地级市经济社会数据来源于中国知网提供的各个地级市及各个省份的统计年鉴；地级市坡度数据则来自中国科学院资源环境科学数据中心提供的中国海拔高度DEM空间分布数据，地级市农村公路里程数据来自OSM2019路网数据，二者都是利用ArcGIS软件计算而得；市场化指数来源于北京国民经济研究所的中国市场化指数数据库。

2.3.2 变量说明

被解释变量为地级市的市场分割程度。根据数据特征，本章采用价格法来衡量市场分割程度（行伟波、李善同，2010）③。根据实地调查

---

① 除北京、上海、天津、重庆、内蒙古、新疆、西藏、青海、海南以及港、澳、台地区以外的全部省份。

② 对出于各种原因无法进行电话调查的乡镇政府，则通过对该乡镇所属行政村干部或农业专业合作社负责人询问相同的问题来进行替代——由于乡镇内部劳动力是充分流动的，这一替代是合理的。

③ 行伟波，李善同．一价法则、地区价格差异与面板单位根检验［J］．管理科学学报，2010，13(4)：76－84.

的结果，乡镇范围内农业劳动力的流动是充分的，形成了较为统一的市场和价格，所以本章利用乡镇农业劳动力价格来反映区域性市场上的统一价格。区域之间的市场分割程度则用乡镇农业劳动力价格的变异系数来衡量，即采用地级市 10 ~ 12 个乡镇农业劳动力价格的变异系数来衡量，其计算公式为

$$Seg_i = \sigma_i / \overline{P_i} \tag{2-8}$$

其中，$i = 1,2,3,\cdots,213$，代表各个地级市；Seg_i 为地级市 i 的农业劳动力市场分割指数；σ_i 是根据各个地级市10 ~ 12个乡镇的农业雇工价格求得的标准差；$\overline{P_i}$ 是地级市 i 的农业雇工平均价格。基于原始数据，本章最终获得 213 个地级市的农业劳动力市场分割指数①。

主要的解释变量为地级市财政交通支出和市场制度环境。地级市财政交通支出采用市级财政交通运输支出总和来度量，包括市本级及各县（市、区）的交通运输支出。我国地级市财政交通运输支出主要用于地级市内的公路水路支出，对地级市内省道建设和维护承担部分支出责任，对农村公路水路建设维护承担主要支出责任。显然，这些支出决定了地级市区域内交通的便利性，对农业劳动力的流动成本具有直接影响。考虑到财政交通运输支出的效果具有滞后性和累积性的特点，本章采用的是 2015—2019 年地级市财政交通运输支出总和（以下简称“五年累计财政交通支出”）。在稳健性分析中，还使用了 2010—2019 年的财政交通运输支出总和（以下简称“十年累计财政交通支出”）。地级市财政交通支出方差较大，计量分析中对其进行了取自然对数处理以减少异常值的影响，这样也便于进行经济解释。

市场制度环境直接采用了北京国民经济研究所中国市场化指数数据

---

①　变异系数的计算方法为标准差除以平均值。计算有效的变异系数需要较多的样本量，因此删去了实际采集的农业劳动力价格数量少于 10 的地级市。最终得到 213 个农业劳动力市场分割指数，实际使用的农业劳动力价格数据为 2475 个。

库所提供的市场化指数。该指数由政府与市场的关系、非国有经济的发展、产品市场的发育程度、要素市场的发育程度、市场中介组织发育和法律制度环境五个方面组成。遗憾的是，该数据未提供地级市层面的市场化指数，这里将省级层面的市场化总指数看作省份内各个地级市市场化总指数的平均值。考虑到该指数的计算不涉及农业劳动力市场，并且农业劳动力市场本身具有非正式性和相对滞后的特征，该指数可以反映各地级市农业劳动力市场所面临的市场制度环境。为了尽量避免内生性问题，我们将采用2015—2019年五年的省级市场化总指数的平均值（以下简称“五年平均市场化总指数”）。在稳健性分析中，我们还使用了2010—2019年十年的省级市场化总指数的平均值（以下简称“十年平均市场化总指数”）。

控制变量包括：①人均GDP的变异程度。人均GDP能够反映区域的经济发展水平，经济发展水平的差异显然会对农业劳动力价格差异产生影响。该变量采用地级市内县（市、区）的人均GDP的变异系数来度量。②非农产业的发展状况。非农产业的发展具有地理集聚性，这种地理集聚性可能导致邻近与非邻近非农产业集聚区农业劳动力价格的差异，所以需要对第二、第三产业的发展水平进行控制。该变量用第二、第三产业增加值占GDP的比例来反映。③农地平均产值的变异程度。显然，农业平均产值的变异程度越高，农业劳动力价格的变异就越大。该变量用各县（市、区）农地的单位产值的变异系数来度量。④地形。地形是交通成本的重要决定因素，会影响农业劳动力价格的变异程度。该变量用该地级市的坡度均值来反映。⑤区域面积。财政交通投入在不同区域面积会有不同的效果，因而需要对地级市行政区域面积进行控制。

上述变量的统计特征如表2-1所示。

表 2－1 变量的统计描述

变量	样本量	均值	标准差	最小值	最大值
农业劳动力市场分割指数	213	0.1528734	0.0665697	0.0199608	0.3634858
五年累计财政交通支出（万元）	213	800621.5	494818.4	40.98	3370902
十年累计财政交通支出（万元）	213	1401367	853172.1	81.96	5845617
五年平均市场化总指数	213	8.4467	1.34049	5.817	10.8744
十年平均市场化总指数	213	8.005321	1.461122	5.4174	10.4713
人均 GDP 变异系数	213	0.2322758	0.163445	0.0104482	0.933127
非农产业占 GDP 比重	213	87.19835	7.917034	53.04758	98.97742
农业产值变异系数	213	0.2875832	0.1937976	0.0192825	1.135827
坡度均值	213	2.664819	2.092718	0.041942	11.8201
区域面积（万平方千米）	213	1.691646	1.428456	0.2692	16.808
农村公路里程（万千米）	213	1.440248	0.6449983	0.3463545	3.753345

2.3.3 统计描述

为了深入了解我国农业劳动力市场分割的现状，我们分别从全国、省级和地级市层面计算了农业劳动力市场分割指数，具体如表 2－2 所示。全国层面的市场分割指数通过对全国范围内样本乡镇农业劳动力价格求变异系数获得；各省份的市场分割指数通过对全省份范围内样本乡镇农业劳动力价格求变异系数获得；各地级市市场分割指数通过对全地级市范围内样本乡镇农业劳动力价格求变异系数获得（为了便于比较，我们提供了各省份内地级市农业劳动力市场分割指数的平均值）。总体来看，全国农业劳动力市场分割指数、省级农业劳动力市场分割指数、地级市农业劳动力市场分割指数依次递减。遗憾的是，由于样本量较少，不能进一步说明县域市场分割性的特征，但是从实地调查来看，县域内的市场分割程度会进一步缩小。这说明我国农业劳动力市场的确呈现出局部的统一性和总体的分割性并存的状态。此外，从地区之间的比较来看，中南地区和华东地区的市场分割程度较小，华北、东北、西北、西南地区的市场分割程度较高，这与各地区的经济发展水平、地形等因素存在密切关系。

表 2-2　农业劳动力市场分割现状

省份	全国农业劳动力市场分割指数	省级农业劳动力市场分割指数	省份内地级市农业劳动力市场分割指数均值
河北	0. 255	0. 259	0. 176
山西	0. 255	0. 293	0. 165
辽宁	0. 255	0. 221	0. 140
吉林	0. 255	0. 246	0. 136
黑龙江	0. 255	0. 368	0. 167
江苏	0. 255	0. 215	0. 192
浙江	0. 255	0. 217	0. 149
安徽	0. 255	0. 186	0. 142
福建	0. 255	0. 187	0. 107
江西	0. 255	0. 238	0. 118
山东	0. 255	0. 168	0. 136
河南	0. 255	0. 126	0. 103
湖北	0. 255	0. 159	0. 117
湖南	0. 255	0. 249	0. 151
广东	0. 255	0. 169	0. 145
广西	0. 255	0. 215	0. 166
四川	0. 255	0. 247	0. 196
贵州	0. 255	0. 242	0. 181
云南	0. 255	0. 196	0. 162
陕西	0. 255	0. 236	0. 165
甘肃	0. 255	0. 289	0. 168
宁夏	0. 255	0. 277	0. 170

为了对财政交通支出、市场制度环境和农业劳动力市场分割指数之间的关系进行初步考察，图 2-2 和图 2-3 分别提供了反映财政交通支出、市场制度环境与农业劳动力市场分割指数之间关系的散点图。从图中可见，五年累计财政交通支出和农业劳动力市场分割程度呈反向关系，市场制度环境和农业劳动力市场分割程度之间也呈现出反向关系。

但是这种关系相对较弱，尚需控制其他因素进一步考察。

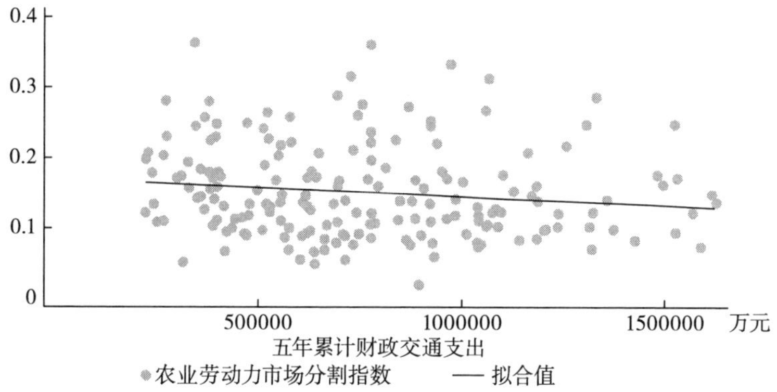

图 2-2　财政交通支出与农业劳动力市场分割指数的关系

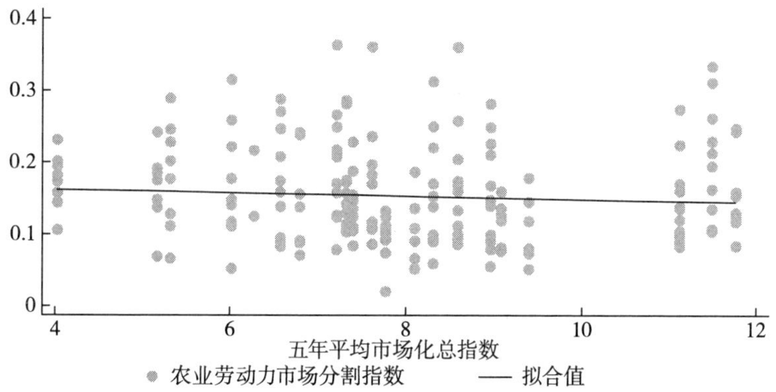

图 2-3　市场制度环境与农业劳动力市场分割指数的关系

2.3.4　计量模型

限于数据特征，本章仅能进行横截面分析，实证检验工作所使用的计量模型为

$$Seg_i = \alpha_0 + \alpha_1 \ln TFE5_i + \alpha_2 Market5_i + \beta X + \varepsilon_i \qquad (2-9)$$

其中，$i=1, 2, \cdots, 213$，代表各个地级市；Seg_i 是指地级市 i 的农业劳动力市场分割指数；$\ln TFE5_i$ 是地级市 i 的五年累计财政交通支出的对数；$Market5_i$ 是五年平均市场化总指数；X 是控制变量集合；α_0、α_1、α_2、

β 是待估参数或其集合；ε_i 为随机扰动项。在稳健性分析中，需要将五年累计财政交通支出和五年平均市场化总指数分别替换为十年累计财政交通支出和十年平均市场化总指数，即：

$$Seg_i = \alpha_0 + \alpha_1 \ln TFE\,10_i + \alpha_2 Market10_i + \beta X + \varepsilon_i \quad (2-10)$$

为了考察财政交通支出的中介效应，还需要在模型中引入农村公路里程指标。

$$Seg_i = \alpha_0 + \alpha_1 \ln TFE\,5_i + \alpha_2 Market5_i + \alpha_3 RR + \beta X + \varepsilon_i \quad (2-11)$$

其中，*RR* 表示农村公路里程。可以根据式（2－11）分析引入农村公路变量以后对财政交通支出影响的经济显著性和统计显著性的变化，从而判断中介效应是否存在。

2.4 实证检验结果

2.4.1 基准回归与异质性分析

从回归结果可见（见表2－3），五年累计财政交通支出对农业劳动力市场分割指数具有显著的负向影响，五年累计财政交通支出增加1%会使农业劳动力市场分割指数下降0.0089。五年平均市场化总指数则对农业劳动力市场分割指数没有统计上显著的影响。

以各个地级市人均GDP的中位数为界，将全部样本划分为经济发达地区和经济欠发达地区分别进行回归分析，结果显示上述影响在经济欠发达地区更为显著（见表2－3）。在经济欠发达地区，五年累计财政交通支出增加1%可以使市场分割指数下降0.0114。五年平均市场化总指数对劳动力市场分割指数有负向影响，这种影响在经济欠发达地区相对明显，五年平均市场化总指数每上升1.0，农业劳动力市场分割指数减少0.0077。但是，此时五年平均市场化总指数回归系数的 p 值为

0.117，高于统计显著的临界值①。在经济发达地区，五年累计财政交通支出和五年平均市场化总指数对农业劳动力市场分割指数的影响在统计上和经济上均不显著。这种地区差异可以用边际效应递减的思路去解释，经济欠发达地区交通基础设施和市场制度环境处于较低水平，其变化产生的边际效应较高，会对农业劳动力市场的分割性产生显著影响；而经济发达地区交通基础设施和市场制度环境已经达到较高水平，其变化的边际效应较低，不会对农业劳动力市场的分割性产生显著影响。

从控制变量来看，人均 GDP 变异系数对农业劳动力价格变异系数的影响在统计上是显著的，经济显著性水平也比较高，说明经济发展水平的差异性是影响农业劳动力价格变异系数的重要因素。这也说明了农业劳动力市场较为明显的分割性特征，因为如果市场统一程度较高，各个区域的价格应该通过农业劳动力的充分流动趋于一致，不会明显受到各地经济发展水平的影响。

表 2-3 基准回归与异质性分析

项目	农业劳动力市场分割指数		
	全部样本	经济欠发达地区	经济发达地区
五年累计财政交通支出的对数	-0.0089** (0.004)	-0.0114** (0.005)	0.0049 (0.014)
五年平均市场化总指数	-0.0024 (0.004)	-0.0077 (0.005)	0.0011 (0.006)
人均 GDP 变异系数	0.0543* (0.031)	0.0873** (0.038)	0.0326 (0.047)
非农产业占 GDP 比重	0.0007 (0.001)	0.0002 (0.001)	0.0014 (0.002)
农业产值变异系数	0.0429* (0.023)	0.0311 (0.028)	0.0566 (0.035)

① 结合后面稳健性检验来看，p 值比较稳定地处于 0.10 附近，在使用十年平均市场化总指数值时小于临界值。这种情况可能与样本量较小有关。

续表

项目	农业劳动力市场分割指数		
	全部样本	经济欠发达地区	经济发达地区
坡度均值	-0.0003 (0.002)	-0.0005 (0.003)	-0.0005 (0.003)
区域面积	0.0005 (0.002)	-0.0047 (0.007)	0.0029 (0.002)
Constant	0.1208 ** (0.057)	0.2225 *** (0.082)	-0.0300 (0.141)
Observations	213	107	106
R^2	0.069	0.150	0.050

注：括号中的值为回归系数的稳健性标准误；*、**、*** 分别表示在10%、5%、1%的水平上显著。

2.4.2 稳健性检验

为了对分析结果的稳健性进行考察，我们对数据按照人均GDP双边截尾1%，重新进行计量检验。结果如表2-4所示，两个主要解释变量和控制变量在截尾回归中的统计显著性和经济显著性都没有发生显著变化，说明上述计量检验结果是稳健的。

表2-4 稳健性检验回归：根据人均GDP双边截尾1%

项目	农业劳动力市场分割指数		
	全部样本	经济欠发达地区	经济发达地区
五年累计财政交通支出的对数	-0.0085 ** (0.004)	-0.0114 ** (0.005)	0.0053 (0.014)
五年平均市场化总指数	-0.0025 (0.004)	-0.0080 (0.005)	0.0011 (0.006)
人均GDP变异系数	0.0494 (0.031)	0.0802 ** (0.037)	0.0309 (0.047)
非农产业占GDP比重	0.0007 (0.001)	0.0002 (0.001)	0.0013 (0.002)
产值变异系数	0.0449 ** (0.023)	0.0330 (0.028)	0.0564 (0.035)

续表

项目	农业劳动力市场分割指数		
	全部样本	经济欠发达地区	经济发达地区
坡度均值	-0.0005 (0.002)	-0.0012 (0.003)	-0.0003 (0.003)
区域面积	0.0009 (0.002)	-0.0034 (0.007)	0.0029 (0.002)
Constant	0.1237** (0.058)	0.2278*** (0.083)	-0.0297 (0.148)
Observations	209	105	104

注：括号中的值为回归系数的稳健性标准误；**、*** 分别表示在5%、1%的水平上显著。

为了克服可能的内生性问题，我们将五年财政交通支出替换成过去十年累计财政交通支出，将五年平均市场化总指数替换为过去十年平均市场化总指数，替换之后的计量检验结果如表2-5所示。可见，主要解释变量的统计显著性和经济显著性都没有发生明显变化；而且，在经济欠发达地区，市场化总指数对农业劳动力市场分割程度的影响变得在10%的水平上显著了（p 值由原来的0.117变为0.098）。

表2-5　稳健性检验回归：替换为十年累计财政交通支出和十年平均市场化总指数

项目	农业劳动力市场分割指数		
	全部样本	经济欠发达地区	经济发达地区
十年累计财政交通支出的对数	-0.0079* (0.004)	-0.0109** (0.005)	0.0092 (0.014)
十年平均市场化总指数	-0.0020 (0.004)	-0.0077* (0.005)	0.0013 (0.006)
人均GDP变异系数	0.0553* (0.031)	0.0876** (0.038)	0.0344 (0.047)
非农产业占GDP比重	0.0007 (0.001)	0.0002 (0.001)	0.0012 (0.002)
产值变异系数	0.0440* (0.023)	0.0338 (0.028)	0.0571 (0.034)

续表

项目	农业劳动力市场分割指数		
	全部样本	经济欠发达地区	经济发达地区
坡度均值	-0.0001 (0.002)	-0.0003 (0.003)	-0.0003 (0.003)
区域面积	0.0004 (0.002)	-0.0050 (0.007)	0.0028 (0.002)
Constant	0.1218 ** (0.058)	0.2267 *** (0.082)	-0.0408 (0.140)
Observations	213	107	106

注：括号中的值为回归系数的稳健性标准误；*、**、*** 分别表示在 10%、5%、1% 的水平上显著。

2.4.3 中介效应分析

地级市财政交通支出主要用于区域内的公路水路的建设与维护，其中建设费用占比较高；而且，即使在我国秦岭—淮河线以南的地区，水路也主要用于货物运输，且其建设费用相对较低。据此可以推测，财政交通支出主要通过农村公路建设影响农业劳动力市场的分割性。我们对此进行了检验，具体做法是在基准回归中加入公路里程变量，结果如表 2-6 所示。加入该变量之后，农村公路里程对农业劳动力市场分割性的影响在全国和经济欠发达地区均较为显著；同时，无论全国还是经济欠发达地区，财政交通支出的经济显著性和统计显著性都明显降低。这说明，农村公路里程的确是地级市财政交通支出影响农业劳动力市场分割性的重要途径。

表 2-6 财政交通支出的中介效应检验

项目	农业劳动力市场分割指数		
	全部样本	经济欠发达地区	经济发达地区
五年累计财政交通支出的对数	-0.0036 (0.004)	-0.0070 (0.004)	0.0168 (0.015)

续表

项目	农业劳动力市场分割指数		
	全部样本	经济欠发达地区	经济发达地区
农村公路里程	-0.0179** (0.007)	-0.0182* (0.010)	-0.0187 (0.013)
五年平均市场化总指数	-0.0035 (0.004)	-0.0077 (0.005)	-0.0014 (0.007)
人均 GDP 变异系数	0.0461 (0.033)	0.0680* (0.036)	0.0335 (0.049)
非农产业占 GDP 比重	0.0007 (0.001)	0.0006 (0.001)	0.0004 (0.002)
产值变异系数	0.0370* (0.022)	0.0263 (0.028)	0.0513 (0.033)
坡度均值	0.0007 (0.002)	0.0003 (0.003)	0.0006 (0.003)
区域面积	0.0026 (0.002)	-0.0006 (0.007)	0.0040** (0.002)
Constant	0.1327** (0.057)	0.1957** (0.081)	0.0463 (0.147)
Observations	213	107	106

注：括号中的值为回归系数的稳健性标准误；*、** 分别表示在 10%、5% 的水平上显著。

2.5 结论与政策建议

本章分析了财政交通支出、市场制度环境通过流动成本影响我国农业劳动力市场分割性的机制，并基于对地级市农业劳动力市场分割性的测量，对上述关系进行了实证检验。上述研究主要得出以下结论：第一，农业劳动力市场分割指数全国大于省级，省级大于地级市，说明我国农业劳动力市场的确存在区域性市场内的统一性和区域性市场之间的分割性并存的特征。第二，财政交通支出可以降低农业劳动力市场的分割性，这一影响在经济欠发达地区更为显著。第三，在经济欠发达地区，市场制度环境改善对市场分割指数有正向影响，但在统计上不稳健。

上述结论的政策含义在于：第一，增加财政对农村地区交通基础设施的投入。从上述分析可见，加强农村交通基础设施建设，尤其是加强对经济相对落后地区农村的交通基础设施的财政投入，不仅有利于提高农户的生活质量，减少农产品进入市场的成本和时间，而且有利于降低农业劳动力的流动成本，促进农业劳动力资源的合理配置和我国农业经济的发展。第二，积极改善农村市场制度环境。农村市场制度环境的改善，一系列市场交易习惯、规则、设施的形成，有利于减少各种机会主义行为，从而有利于降低农业劳动力流动的交易成本，促进农业劳动力资源的合理配置。应该指出的是，现阶段，考虑到我国农地制度的特征，农业打工以兼业为主，主要应该推动农业劳动力在地级市内部的充分流动，不宜急于推动农业劳动力在全国范围内的大规模流动。

3 我国农业生产中的农地规模—劳动投入逆向关系

摘　要： 本章结合我国农业劳动力市场的实际情况，在农户模型的基础上引入交易成本，分析了我国农业生产中农地规模—劳动投入逆向关系产生的机制，并运用农村固定观察点调查数据进行了实证检验。研究发现，我国农业生产中的确存在农地规模—劳动投入逆向关系，产生这一关系的主要原因是农业劳动力市场存在递增的交易成本；农地流转规模的扩大可以弱化这种逆向关系；农地规模的扩大虽然带来了单位土地产出的减少，但是减少的程度小于劳动投入。这些发现表明，通过提升农村交通基础设施、强化市场制度建设、鼓励农地流转等措施，可以促进农业劳动力的合理配置，增加农业产出。

3.1 引言

近年来，我国农地流转规模呈现出加速扩大的趋势，这使我国农业生产呈现出规模经营农户和普通小农户并存的格局，这种格局将持续较长时间。按照规模报酬的原理，随着农地规模的扩大，农业生产效率将相应提高。但是，发展经济学的主流观点（Sen，1962；Feder，1985；Lamb，2003）认为，农地规模和单位土地产出之间存在逆向关系（the inverse scale - productivity relationship)①②③。许多学者对中国农业的研究（许庆等，2011；叶敬忠等，2016；危薇、杜志雄，2019）也得出了类似的结论④⑤⑥。李谷成等（2010）⑦、陈训波等（2011）⑧、王新志和杜志雄（2020）⑨ 的定量研究则更加清晰地指出，随着农户经营规模的扩大，劳均产出水平会有所提高，但是单位土地产出水平会下降。随着我国农村人口迅速非农化，农地流转规模扩大，农地经营规模必然逐步提高。在耕地面积有限的情况下，如何在实现土地适度规模化经营的过程中避免单位土地产出水平的下降，稳定和提升粮食等重要农产品的供给水平，是我国农业政策所面对的重要挑战。

对于随着农地规模的扩大单位土地面积产出下降的原因，学者们提出了多种解释。其中，最为主要的是从要素市场尤其是劳动力市场不完善的角度所进行的解释。Benjamin（1992）、Bardhan 和 Udry（1999）认为，在农业劳动力市场不完善的情况下，由于劳动力不能通过市场在各农户之间充分流动，经营土地规模较小的农户（以下简称“小农户”）在劳动力市场会面临供给约束，经营土地规模较大的农户（以下

---

① Sen A K. An Aspect of Indian Agriculture[J]. Economic Weekly, 1962(14): 243 -246.

② Feder G. The Relation between Farm Size and Farm Productivity: The Role of Family Labor, Su-Pervision and Credit Constraints[J]. Journal of Development Economics, 1985, 18(18): 297 -313.

③ Lamb R L. Inverse Productivity: Land Quality, Labor Markets, and Measurement Error[J]. Journal of Development Economics, 2003(71): 71 -95.

④ 许庆,尹荣梁,章辉. 规模经济、规模报酬与农业适度规模经营:基于我国粮食生产的实证研究[J]. 经济研究, 2011, 46(3): 59 -71, 94.

⑤ 叶敬忠,吴惠芳,许惠娇,等. 土地流转的迷思与现实[J]. 开放时代, 2016 (5): 76 -91.

⑥ 危薇,杜志雄. 新时期家庭农场经营规模与土地生产率之间关系的研究[J]. 农村经济, 2019 (3): 6 -14.

⑦ 李谷成,冯中朝,范丽霞. 小农户真的更加具有效率吗? 来自湖北省的经验证据[J]. 经济学(季刊), 2010, 9(1): 95 -124.

⑧ 陈训波,武康平,贺炎林. 农地流转对农户生产率的影响:基于 DEA 方法的实证分析[J]. 农业技术经济, 2011 (8): 65 -71.

⑨ 王新志,杜志雄. 家庭农场更有效率吗? 基于理论与实证的比较分析[J]. 东岳论丛, 2020, 41(7): 172 -181.

简称“规模农户”）在劳动力市场会面临需求约束①②。于是，农场投入劳动力的数量取决于农户家庭劳动禀赋，即存在非分离性（nonseparability）。家庭人口（劳动力）禀赋方差较小，这意味着农户经营土地面积越大，单位土地的劳动投入就越少（后文称之为农地规模—劳动投入逆向关系），这就难以实现等边际原则，从而导致农业劳动力配置效率降低和农业产出水平下降。

经过40余年的市场化过程，中国农村的市场化水平获得极大提高，农业内部的劳动力市场也获得发展，广泛存在农业劳动力雇用行为。现有文献（Bowlus and Sicular，2003；贺雪峰，2011；陈训波等，2011；叶敬忠等，2016）的研究表明，由于我国农业劳动力市场尚不完善，小农户更加倾向于精耕细作，而规模农户的单位土地劳动投入往往会减少，因而农地单产随着农地规模的上升而下降③④⑤⑥。这一结论与发展经济学家对非洲、亚洲等地区的研究结果是一致的。但是，从我国的实际情况来看，经典文献的分析并不能简单地用来解释中国农业劳动力市场的现实情况。尤其值得注意的是，中国农业劳动力市场已经得到发展，农户劳动投入不存在刚性的供给或需求约束，农户对家庭农业的劳动投入通常是农户根据参与劳动力市场的成本和收益而做出的理性选择。

在此背景下，需要结合中国的实际情况来分析农地规模扩大过程中

---

① Benjamin D. Household Composition, Labor Markets, and Labor Demand: Testing for Separation in Agricultural Household Models[J]. Econometrica, 1992, 60(2): 287-322.

② Bardhan P, Udry C. Development Microeconomics[M]. Oxford: Oxford University Press, 1999.

③ Bowlus A, Sicular T. Moving toward markets? Labor allocation in rural China[J]. Journal of Development Economics, 2003, 71(2): 561-583.

④ 贺雪峰. 论农地经营的规模：以安徽繁昌调研为基础的讨论[J]. 南京农业大学学报（社会科学版），2011，11(2)：6-14.

⑤ 陈训波，武康平，贺炎林. 农地流转对农户生产率的影响：基于DEA方法的实证分析[J]. 农业技术经济，2011（8）：65-71.

⑥ 叶敬忠，吴惠芳，许惠娇，等. 土地流转的迷思与现实[J]. 开放时代，2016（5）：76-91.

的单位土地劳动投入的变化。具体而言，以下几个问题值得进一步讨论：第一，现阶段中国，随着农地流转和农业经营规模的扩大，究竟是否存在单位土地劳动投入随着农地规模扩大而减少的事实？第二，如果上述逆向关系存在，意味着农业劳动力市场的不完善，那么在已经经历了40余年市场化过程的中国农村，这种不完善是如何产生的？第三，我国鼓励发展农地流转市场、鼓励农民参与非农就业，这些政策措施会对农业劳动力的配置产生怎样的影响？

本章计划通过理论分析和实证检验说明，农业劳动力市场中明显的交易成本是我国农地规模—劳动投入逆向关系产生的基础，并分析农地流转市场和非农就业市场对该关系的影响。分析表明，我国农业中的确存在农地规模—劳动投入逆向关系，这种关系的强弱主要受交易成本水平的显著影响；农地流转市场的发展可以弱化该关系，但是非农就业水平对该关系没有显著影响；农地规模—劳动投入逆向关系对产出水平的负面影响可以在一定程度上为新技术的采用所抵消。这些结论对于我国农地规模扩大过程中实现农产品稳定供给，对于劳动力日趋紧张背景下实现农业劳动力资源的合理配置具有重要意义。

3.2 文献综述

主流的研究（Sen，1966；Bardhan and Rudra，1981；Jacoby，1993）认为，农地规模—劳动投入逆向关系产生的原因是农业劳动力市场缺失所导致的市场约束（包括供给约束和需求约束）①②③。市场约束的存在使得

① Sen A K. Peasants and Dualism with or without Surplus Labor[J]. Journal of Political Economy, 1966, 74(5):425 -450.

② Bardhan P, Rudra A. Terms and Conditions of Labour Contracts in Agriculture: Results of a Survey in West Bengal, 1979[J]. Oxford Bulletin of Economics & Statistics, 1981, 43(1): 89 -111.

③ Jacoby H G. Shadow Wages and Peasant Family Labour Supply: An Econometric Application to the Peruvian Sierra[J]. The Review of Economic Studies, 1993, 60(4): 903 -921.

农户无法根据边际产出等于市场工资来决定劳动投入，而是根据边际产出和影子工资相等来决定劳动投入。由于影子价格是由家庭人口禀赋和土地规模决定的，所以劳动投入会受人口禀赋和土地规模的影响。Benjamin（1995）认为，农地规模越大则劳动力的影子价格越高，单位土地的劳动投入就会越少，于是就会产生农地规模—劳动投入逆向关系；他还通过农地规模—劳动投入弹性系数是否小于1来检验该逆向关系是否存在，从而检验劳动力市场的完善性①。Benjamin（1992）②、Le（2009）③、LaFave和Thomas（2016）④、Dillon等（2019）⑤则根据家庭人口禀赋和劳动投入之间的相关关系来检验劳动力市场的完善性。如果劳动投入受到家庭劳动禀赋的影响，则意味着家庭无法根据土地使用规模的增加通过劳动力市场灵活地增加劳动投入，因此也说明了农地规模—劳动投入逆向关系的存在。

导致农地规模—劳动投入逆向关系的另外一个原因是农业劳动力市场上存在显著的交易费用。这种交易费用是包括搜寻费用、监督费用、培训费用、交通费用等在内的广义交易费用，该交易费用的存在使工资（影子工资）无法与边际产出相等（Ellis，1993）⑥。Bedi和Tunali（1996）认为，由于交易成本的存在，雇出者（小农户）通过劳动力市场所得到的收益低于市场价格，雇入者（规模农户）在劳动力市场上

① Benjamin D. Can Unobserved Land Quality Explain the Inverse Productivity Relationship?［J］. Journal of Development Economics, 1995(46): 51-84.

② Benjamin D. Household Composition, Labor Markets, and Labor Demand: Testing for Separation in Agricultural Household Models［J］. Econometrica, 1992, 60(2): 287-322.

③ Le K T. Shadow Wages and Shadow Income in Farmers［J］. American Journal of Agricultural Economics, 2009, 91(3): 685-696.

④ LaFave D, Thomas D. Farms, Families, and Markets: New Evidence on Completeness of Markets in Agricultural Settings［J］. Econometrica, 2016, 84(5): 1917-1960.

⑤ Dillon B, Brummund P, Mwabu G. Asymmetric Non-Separation and Rural Labor Markets［J］. Journal of Development Economics, 2019(139): 78-96.

⑥ Ellis F. Peasant Economics［M］. Cambridge: Cambridge University Press, 1993.

的付出高于市场价格，这是农地规模—劳动投入逆向关系产生的重要原因[①]。Lanzona 和 Evenson（1997）[②]、Barrett 等（2007）[③] 考察了存在交易成本的情况下农户劳动力市场参与行为，认为农业劳动力市场上包括搜寻成本、监督成本和激励成本在内的交易成本的存在是限制农户劳动力参与市场的重要因素；交易成本的存在降低了农户参与劳动力市场的概率和程度，使农户生产活动更多地依赖家庭人口禀赋，导致出现了农地规模—劳动投入逆向关系。

国内外学者也借鉴 Benjamin（1992）的研究方法[④]，初步探讨了中国农业劳动力市场的配置效率及其影响因素。Benjamin 和 Brandt（2002）对中国北方农业劳动力市场的研究表明，在劳动力过剩的背景下，农业劳动力市场的不完善使小农的劳动使用更加密集；非农就业机会增加会显著地促进劳动力资源的合理配置，农地的行政调整也具有一定的作用[⑤]。Bowlus 和 Sicular（2003）运用来自山东邹平的面板数据对中国农业劳动力需求和供给的分离性进行了分析，发现农业劳动力过剩与短缺并存，农业劳动力市场存在显著的不完善性；跨越村庄的非农劳动机会有助于缓解农业劳动力资源的不合理配置[⑥]。梁义成等（2010）分析了农户非农劳动参与程度对农户人口禀赋和劳动投入关系的影响，

---

① Bedi A, Tunali I. Testing for Market Imperfections: Participation in Land & Labor Contracts in Turkish Agriculture[J]. Economic Research Forum, 1996.

② Lanzona L, Evenson R E. The Effects of Transaction Costs on Labor Market Participation and Earnings: Evidence from Rural Philippines Markets[R]. New Haven: Economic Growth Centre, Yale University, 1997.

③ Barrett C B, Sherlund S M, Adesina A A. Shadow Wages, Allocative Inefficiency, and Labor Supplyin Smallholder Agriculture[J]. Agricultural Economics, 2007, 38(1): 21 – 34.

④ Benjamin D. Household Composition, Labor Markets, and Labor Demand: Testing for Separation in Agricultural Household Models[J]. Econometrica, 1992, 60(2): 287 – 322.

⑤ Benjamin D, Brandt L. Property Rights, Labour markets, and Efficiency in a Transition Economy: The Case of Rural China[J]. Canadian Journal of Economics, 2002, 35(4): 689 – 716.

⑥ Bowlus A, Sicular T. Moving toward Markets? Labor Allocation in Rural China[J]. Journal of Development Economics, 2003, 71(2): 561 – 583.

认为如果存在非农劳动供给约束，家庭农业劳动投入会更多地受人口禀赋的影响①，农户会在农业生产中投入过多的劳动。Lu 和 Wang（2014）基于 CHIPS 数据的研究发现，在经济相对落后地区，农户劳动投入与农地规模之间存在逆向关系②。

自 20 世纪 90 年代以来，已经有少数文献对中国农业劳动力市场的不完善性进行了开创性的研究，这些研究是本项目研究工作的重要起点。但是，现有文献也存在以下局限性。第一，目前对中国农业劳动力市场的研究都是基于 Benjamin（1992）的文献③，对市场的不完善性主要是从市场约束的角度来考虑。然而，中国已经进行了 40 余年的市场化改革，农村地区的农业劳动力市场已经基本形成，农户在雇入（雇出）农业劳动力方面并不存在明显的机会限制。因而，需要进一步考察现阶段中国农业劳动力市场不完善性产生的具体原因。第二，现有研究主要采用的是地区性的调查数据，而且主要是 20 世纪 90 年代的数据。Benjamin 和 Brandt（2002）④、Bowlus 和 Sicular（2003）⑤ 的研究采用的都是 90 年代的区域性的数据。Lu 和 Wang（2014）的研究虽然采用了全国性的数据，但这一数据来自 2002 年的调查⑥。显然，根据这些数据所进行的研究不能反映 2002 年以后中国经济高速发展和农村市场化不断深入背景下中国农业劳动力配置的实际情况。

---

① 梁义成，李树茁，费尔德曼，等．农户的非农参与和农业劳动供给研究：来自中国西部山区的证据[J]．统计与信息论坛，2010，25(5)：91－96.

② Lu Chen，Wang Yuyu. The Separation of Agricultural Household：Evidence from China[C]//International Conference on Education，Management and Social Science. Amsterdam：Atlantis Press，2014：34－37.

③ Benjamin D. Household Composition，Labor Markets，and Labor Demand：Testing for Separation in Agricultural Household Models[J]. Econometrica，1992，60(2)：287－322.

④ Benjamin D，Brandt L. Property Rights，Labour Markets，and Efficiency in a Transition Economy：The Case of Rural China[J]. Canadian Journal of Economics，2002，35(4)：689－716.

⑤ Bowlus A，Sicular T. Moving toward Markets? Labor Allocation in Rural China[J]. Journal of Development Economics，2003，71(2)：561－583.

⑥ Lu Chen，Wang Yuyu. The Separation of Agricultural Household：Evidence from China[C]//International Conference on Education，Management and Social Science. Amsterdam：Atlantis Press，2014：34－37.

3.3 理论假说

经过40余年的市场化改革和乡村基础设施的改善，中国农村已经形成了较为完善的局部性农业劳动力市场，并且农业劳动力已经可以在较大范围，时常可以观察到跨县、跨省流动。由于流动范围的扩大，我国农户的劳动力供给和需求并未明显地受到市场机会的限制。但是，农业劳动力市场的运行过程也存在明显的摩擦，从而产生市场工资之外的参与市场的附加成本，主要包括（见表3-1）：①交通餐饮成本，即农业雇工过程中产生的交通方面的直接花费和时间机会成本，以及用餐、饮料、药物等成本；②狭义的交易成本，即农业劳动雇工双方为了防止机会主义行为而产生的搜寻成本、谈判成本、监督成本和解决纠纷的成本（弗鲁博顿、芮切特，2012）①；③技能学习成本，即农业劳动者掌握雇主农作物相关生产劳动技能而产生的代价。借鉴 Ellis（1993）②、Eastwood 等（2010）③ 的研究，我们把这些附加成本称为（广义的）交易成本④。

表3-1　农业劳动力市场广义交易成本的内容及含义

广义交易成本的内容	经济含义	边际变化方式	分担方式
交通餐饮成本	参与农业劳动力市场的通勤与餐饮成本，包括货币支出与时间耗费	明显递增	双方分担
搜寻成本	农业劳动力市场供求双方互相搜寻的成本，包括时间耗费、人情支出、中介费用、交通通信支出等	明显递增	双方分担

① 埃里克·弗鲁博顿，鲁道夫·芮切特．新制度经济学：一个交易费用分析范式[M]．上海：上海三联书店，上海人民出版社，2012.

② Ellis F. Peasant Economics[M]. Cambridge: Cambridge University Press, 1993.

③ Eastwood R, Lipton M, Newell A. Handbook of Agricultural Economics(Volume 4)[M]. Amsterdam: North Elsevier, 2010: 3323-3397.

④ 这里的交易成本的范围比制度经济学家通常采用的交易成本概念所包含的内容更为广泛。

续表

广义交易成本的内容	经济含义	边际变化方式	分担方式
谈判成本	农业劳动力供求双方为达成交易就劳动工资、劳动条件而进行谈判所产生的时间耗费及相关货币支出	明显递增	双方分担
监督成本	农业劳动力需求者为避免道德风险问题而对供给者进行监督的时间耗费及相关货币支出	明显递增	需求者负担
纠纷处理成本	农业劳动力供求双方因处理劳动力交易过程中的纠纷而产生的时间耗费和相关货币支出	递增	双方分担
技能学习成本	农业劳动者学习新作物的劳动技能而产生的时间耗费和货币支出	明显递增	双方分担

农户参与劳动力市场的交易成本会随着雇用规模的增加而递增，可以从三个方面来解释。首先，随着农业雇工量（包括雇入与雇出）的增加，不断增加的雇工由于地理距离（以及相应的社会距离）越来越远，信息不对称问题变得越来越严重，为了防止机会主义行为的产生，狭义的交易成本会不断增加；其次，随着地理距离越来越远，农作物品种差异变大，耕作方式差别变大，适应及培训成本会不断增加；最后，随着地理距离的增加，交通餐饮成本会相应增加。这些交易成本通常由农业劳动力供求双方分担，其分担比例由当地农业劳动力的供求关系决定。

在此情况下，农地规模—劳动投入逆向关系产生的基本逻辑是：在交易成本存在显著并且递增的情况下，农业劳动力供给者参与市场的所得低于市场工资，农业劳动力需求者参与市场的付出高于市场工资，并且这种差距还会随着雇入（雇出）规模的扩大而增大。于是，规模农户和小农户都无法按照市场工资等于边际产出的理想水平投入劳动力——小农户由于雇出劳动力实际收益低而倾向于更多地将劳动力禀赋投入家庭农业，规模农户由于雇入劳动力实际成本高而倾向于较少地雇入。结果，小农户单位农地投入的劳动力会过多，规模农户单位土地投入的劳动力会过少，于是出现农地规模—劳动投入逆向关系，导致劳动力资源不能得到合理配置。

可以用一个简单的理论模型对上述分析进行初步的形式化处理。首先考虑没有交易成本的情形。假设农户使用的土地是外生的，劳动力可以通过市场调整，农业生产函数可以表示为

$$Q = F(L, \bar{A}) \tag{3-1}$$

其中，Q 为农业产出；L 为劳动投入；$\bar{A}$ 为外生的土地面积。于是，农业生产的利润函数为

$$\Pi = F(L, \bar{A}) - W \times L \tag{3-2}$$

其中，Π 为农业生产的利润；W 为市场工资。在规模报酬不变的前提下，每单位土地的利润函数为

$$\pi = f(l) - W \times l \tag{3-3}$$

其中，π、l 分别为单位土地的利润和劳动投入；$f(\cdot)$ 为单位土地生产函数。由于存在劳动力市场，农户可以根据利润最大化原则来确定单位土地的劳动投入，在理想情况下，

$$f_l = W \tag{3-4}$$

此时的单位土地劳动投入可以记为 l^*。此时，无论土地规模如何，所有农户单位土地劳动投入的边际产出相同，单位土地投入的劳动量相等，农业劳动力实现了最优配置。

现在考虑存在交易成本情况。由于交易成本随着劳动力雇入（雇出）的增加而递增，家庭农业劳动投入的成本也具有递增特征。对规模农户而言，在家庭农业增加劳动投入量时，雇入劳动力增加，其（边际）交易成本会递增，家庭农业劳动投入的代价（市场工资 + 交易成本）增加；对于小农户而言，在家庭农业增加劳动投入量时，雇出

劳动力减少，其（边际）交易成本因为雇出劳动力的减少而递减，雇出劳动力的实际收益（市场工资 - 交易成本）增加，家庭农业劳动投入的（机会）成本增加。

对规模农户而言，增加单位劳动投入的边际成本可以表达为市场工资加上增加的交易成本：

$$W' = W + a\left(l - \frac{L_0}{A}\right) \tag{3-5}$$

其中，$a\left(l - \frac{L_0}{A}\right)$ 表示增加的交易成本；a 反映了整体市场交易成本的高低；$\left(l - \frac{L_0}{A}\right)$ 为单位土地实际劳动投入与单位土地农户劳动力禀赋之差，反映农户参与劳动力市场的程度给交易成本带来的影响。对规模农户而言，$l > \frac{L_0}{A}$，家庭农业雇用劳动力的代价高于市场工资，随着劳动投入的增加，其边际成本递增（因为交易成本递增）。可以将每单位土地的劳动成本表示为

$$c(l) = \int_0^l \left[W + a\left(l - \frac{L_0}{A}\right)\right] \mathrm{d}l \tag{3-6}$$

每单位土地的利润可以表示为

$$\pi = f(l) - c(l) \tag{3-7}$$

将成本函数代入，可得

$$\pi = f(l) - \int_0^l \left[W + a\left(l - \frac{L_0}{A}\right)\right] \mathrm{d}l \tag{3-8}$$

实现利润最大化时，有

$$f'(l) = W + a\left(l - \frac{L_0}{A}\right) \tag{3-9}$$

对小农户而言，增加单位劳动投入的边际成本①可以表示为市场工资减去边际交易成本：

$$W' = W - a\left(\frac{L_0}{A} - l\right) \tag{3-10}$$

同理可以得到其均衡：

$$f'(l) = W - a\left(\frac{L_0}{A} - l\right) \tag{3-11}$$

显然，根据式（3－9）和式（3－11）（二者在数学上实际上是一致的）可以得到

$$\frac{\mathrm{d}l}{\mathrm{d}A} < 0, \frac{\mathrm{d}}{\mathrm{d}a}\left(\left|\frac{\mathrm{d}l}{\mathrm{d}A}\right|\right) > 0 \tag{3-12}$$

于是可以得到假说 1 和假说 2：

假说 1：农场规模越大，单位土地投入的劳动力越少，即存在农地规模—劳动投入逆向关系。

假说 2：市场交易成本越大，农地规模—劳动投入逆向关系越明显。

可以用图 3－1 说明上述假说。在市场完善不存在交易成本的情况下，小农户和规模农户面对相同的劳动投入边际成本 W，均衡皆在 E 点形成，二者单位土地的劳动投入同为 l^* 。如果存在递增的交易费用，则规模农户的边际成本曲线为 $c'(l) = W + a(l - \frac{L_0}{A_B})$ ，小农户的边际成本曲线为 $c'(l) = W - a(\frac{L_0}{A_S} - l)$ ，二者的均衡分别在 E_B 点和 E_S 点形成，对应的劳动投入分别为 l_1、l_2 。显然，与不存在交易成本的情形相比，规模农户的单位土地劳动投入减少，小农户的单位土地劳动投入增加。

① 增加劳动投入的成本是机会成本，即如果该劳动用于雇出所获得的收益（市场工资－交易费用）。

如果允许土地面积变动（$A \to A'$），显然，规模农户单位土地劳动投入随着面积的增加而减少，小农户单位土地的劳动投入随着面积的减少而增加。于是，出现农地规模—劳动投入逆向关系。

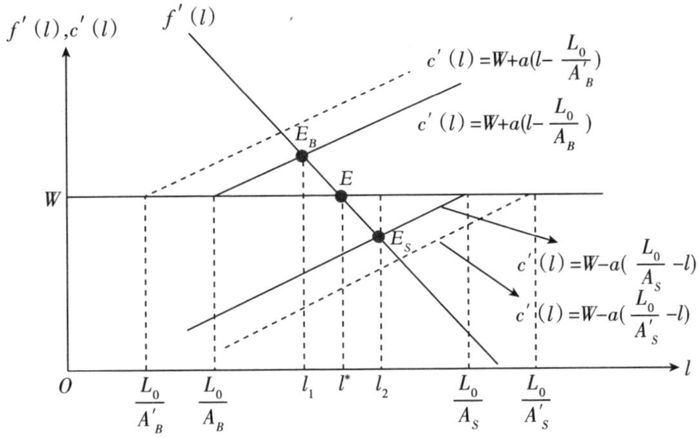

图 3-1　考虑递增交易成本时小农户和规模农户的单位土地劳动投入

3.4　实证研究设计

3.4.1　数据来源

本章的分析基于农村固定观察点调查数据。该数据包括全国范围375 个村庄和 23000 个农户，对农户的农业劳动投入和实际使用土地的面积有清晰的说明，样本规模较大且覆盖面较广。本章选取了 2013 年和 2018 年两年的数据构成面板数据进行计量分析。本章仅考虑以种植业为主的地区，排除了以从事畜牧业、渔业、林业为主的农户样本；排除了已经脱离农业生产的农户和主要变量缺失的农户；排除了没有在2013 年和 2018 年同时纳入调查范围的农户。最终进入计量分析的样本量为 6367 个农户。

3.4.2 计量模型

借鉴 Benjamin（1995）[①] 与 Bowlus 和 Sicular（2003）[②] 的研究，本章设定的计量分析模型如下：

$$\ln L_{it} = \alpha + \beta \ln A_{it} + \gamma \ln P_{it} + \sum_{j=1}^{N} \gamma_j \frac{P_{it}^{j}}{P_{it}} + \sum_{j=1}^{M} \delta_j H_{it}^{j} + \sum_{j=1}^{D} \mu_j V_{it}^{j} + \sum_{j=1}^{E} \rho_j R_{it}^{j} + \theta_i + \varepsilon_{it} \quad (3-13)$$

其中，$\ln L_{it}$ 为农户劳动投入的自然对数；$\ln A_{it}$ 为使用土地规模的自然对数；$\ln P_{it}$ 为家庭人口规模的自然对数；$\frac{P_{it}^{j}}{P_{it}}$ 为家庭人口结构；H_{it}^{j} 为农户家庭特征变量；V_{it}^{j} 为村庄特征变量；R_{it}^{j} 为省级固定效应变量；θ_i 为未观察到的不随时间变化的反映农户与村庄特征的变量；ε_{it} 为残差项；α 为截距项；β、γ、γ_j、δ_j、μ_j、ρ_j 为对应的回归系数。

其中，β 反映了农地规模—劳动投入弹性系数，如果 $\beta<1$，说明农户劳动投入未能随着农地规模的扩大而同比例扩大，即单位土地的劳动投入随着农地规模扩大而减少。β 越小，农地规模—劳动投入逆向关系就越明显，劳动力的不合理配置也就越严重。

3.4.3 变量说明与统计描述

被解释变量是农户种植业劳动投入的自然对数。农户劳动投入通过将各类农作物的劳动投入加总得到，其单位为“工”[③]。根据本章的研究目的，未包含农户在畜牧业、渔业、林业等领域的劳动投入。主要解释变量是农户种植业实际使用土地规模。农户实际使用土地的规模用农

① Dwayne Benjamin. Can unobserved land quality explain the inverse productivity relationship? [J]. Journal of Development Economics, 1995(46): 51-84.

② Audra Bowlus, Terry Sicular. Moving toward markets? Labor allocation in rural China[J]. Journal of Development Economics, 2003, 71(2): 561-583.

③ 如前所述，“工”是我国农村度量农业劳动量的粗略单位，为1位劳动者1天的劳动量。

村固定观察点调查数据中的农户实际经营耕地和园地的面积之和来反映①，未包含农户用于畜牧业、渔业、林业等领域的土地。

农户人口禀赋是影响家庭农业劳动投入的重要因素，本章对家庭人口总规模和家庭人口结构进行了控制。农户家庭人口规模用家庭常住人口②来反映。对于家庭人口结构，农村固定观察点调查数据显示了每个家庭成员的人口学特征的变量，可以根据这些变量推算农户家庭男性劳动力所占比例、女性劳动力所占比例、老年人所占比例和未成年人所占比例。

本章还对农户其他特征和村庄特征进行了控制。农户其他特征主要包括农户拥有的农业机械量，用农户农业机械的总动力数来衡量；农户外购农业机械作业量，用农户各种作物农业机械作业费用之和来度量；农户土地细碎化程度，用农户经营土地的地块总数来度量；农户家庭成员的平均受教育程度，用农户家庭成员中成年人平均受教育年限来度量；农户家庭成员的健康状况，用农户家庭成员中成年人的平均健康状况来度量；粮食作物所占比重，用粮食作物种植面积除以全部农作物种植面积来度量。村庄（行政村）控制变量包括村庄地形、村庄平均收入、村庄常住人口、村庄土地总面积、村庄农地流转率、村庄农业土地平均产值、村庄非农就业状况、村庄交通状况。本章还对省级层面的市场化程度进行了控制。考虑到我国各地农业生产的显著差异，本章还对省级固定效应进行了控制，同时对年度时间固定效应进行了控制。

各变量的含义与统计特征分别如表3－2和表3－3所示。

---

① 在实践中，耕地与园地二者的区分并不明显，农户可根据经济效益的情况决定土地的实际用途，所以本章将耕地和园地归并来反映实际使用的土地规模。

② 家庭常住人口是指经济生活与本户融为一体的家庭成员，包括符合此特征的外出务工者和国家职工。

表 3 – 2　变量说明

变量	变量名	变量说明（单位）
农户劳动投入	*L*	农户各类农作物劳动投入量之和（人×日）
农户劳动投入自然对数	ln*L*	农户各类农作物劳动投入量之和的自然对数
农户农业产值	*Q*	农户各类农作物产值之和（元）
农户农业产值自然对数	ln*Q*	农户各类农作物产值之和的自然对数
农户农业土地规模	*A*	农户的耕地与园地面积之和（亩）
农户农地规模自然对数	ln*A*	农户的耕地与园地面积之和的自然对数
农户人口规模	*P*	用农户家庭常住人口来反映（人）
农户人口规模自然对数	ln*P*	农户家庭常住人口的自然对数
男性劳动力占比	*Mratio*	男性劳动力数量除以家庭常住人口
女性劳动力占比	*Fratio*	女性劳动力数量除以家庭常住人口
老年人口占比	*Oratio*	老年人口数量除以家庭常住人口
未成年人占比	*Cratio*	未成年人数量除以家庭常住人口
家庭成员受教育程度	*Education*	用成年人平均受教育年限度量（年）
家庭成员健康状况	*Healthe*	用成年人平均健康状况度量（评分）
农户土地细碎化程度	*Fragmentation*	用农户经营土地的地块总数来度量（块）
农户拥有农业机械量	*Machine*1	用农户农业机械的总动力数来度量（千瓦）
农户外购农业机械作业量	*Machine*2	用农户各种作物农业机械作业费用之和来度量（元）
农户粮食作物占比	*Grainratio*	用粮食作物播种面积所占比重来度量
村庄地形	*Landform*	具体赋值为：1 = 平原，2 = 丘陵，3 = 山地。转化为两个定性变量进入回归方程
村庄平均收入	*Vmeanincome*	全村居民人均可支配收入（元）
村庄人口规模	*Vpopulation*	用村庄常住人口数量度量（人）
村庄土地规模	*Vland*	用村庄总土地面积度量（亩）
村庄农地流转率	*Vlandtxn*	用村庄转包出耕地面积和转包入耕地面积的总和除以全部耕地面积来度量
村庄农业土地平均产值	*Vlandavgvalue*	用样本农户的全部农业产值除以样本农户的全部使用土地面积来度量
村庄非农就业状况	*Vnonagemploy*	用二三产业劳动力所占比例来度量
村庄交通状况	*Vtraffic*	用两个定性变量之和来反映：a. 硬化道路是否大于50%；b. 与公路干线距离是否小于中位数
市场化水平	*Market*	用省级市场化总指数来反映

表 3-3　变量的描述性统计

变量	变量名	样本量	均值	标准差	最小值	最大值
农户劳动投入	*L*	12734	135.2387	155.7146	1	5420
农户劳动投入自然对数	ln*L*	12734	4.468792	0.983581	0	8.597851
农户农业产值	*Q*	12734	18628.12	37357.57	0	2115600
农户农业产值自然对数	ln*Q*	12669	9.108933	1.173822	4.094345	14.56485
农户农业土地规模	*A*	12734	12.33348	28.12308	0.1	1540
农户农地规模自然对数	ln*A*	12734	1.817488	1.129454	-2.30259	7.339538
农户人口规模	*P*	12727	3.88434	1.757759	0	42
农户人口规模自然对数	ln*P*	12726	1.25585	0.461719	0	3.73767
男性劳动力占比	*Mratio*	12734	0.389784	0.221061	0	1
女性劳动力占比	*Fratio*	12734	0.363815	0.194006	0	1
老年人口占比	*Oratio*	12734	0.140307	0.270654	0	1
未成年人占比	*Cratio*	12734	0.14751	0.176763	0	1
家庭成员受教育程度	*Education*	12590	7.020544	2.147354	0	18
家庭成员健康状况	*Healthe*	12524	1.690422	0.754359	1	5
农户土地细碎化程度	*Fragmentation*	12734	5.641723	5.484217	0	170
农户拥有农业机械存量	*Machine1*	12734	1890.147	35892.56	0	1718964
农户外购农业机械作业量	*Machine2*	12734	1168.443	4054.435	0	319000
农户粮食作物占比	*Grainratio*	12725	0.72622	0.332275	0	1
村庄地形	*Landform*	12597	1.931174	0.838088	1	3
村庄平均收入	*Vmeanincome*	12443	10550.8	8444.484	1.7	155842
村庄人口规模	*Vpopulation*	12576	1868.132	1228.775	15	6878
村庄土地规模	*Vland*	12723	10787.01	14854.28	262	104754
村庄农地流转率	*Vlandtxn*	12604	0.24194	0.838283	0	10.15909
村庄农业土地平均产值	*Vlandavgvalue*	12580	1072.898	1549.125	0.083731	13636.97
村庄非农就业状况	*Vnonagemploy*	12734	0.556663	0.244092	0	1.459559
村庄交通状况	*Vtraffic*	12710	1.606924	0.580873	0	2
市场化水平	*Market*	12734	6.585782	1.562128	2.32	11.79

3.5 实证检验结果

3.5.1 基准回归与稳健性分析

基于 Hausman 检验，随机效应模型被拒绝，所以实证分析采用固定效应模型。如表 3－4 所示，第（1）列是没有考虑控制变量的结果，第（2）列是控制了农户特征、村庄特征、省级固定效应、时间固定效应的结果。农地规模—劳动投入弹性系数分别为 0.5471 和 0.5336，即农场规模扩大 1 倍时，劳动投入的增加为 0.5471 倍和 0.5336 倍。显然，随着农地规模的扩大，单位土地的劳动投入会减少，存在显著的农地规模—劳动投入逆向关系。这说明农业劳动力市场的确存在不完善性。假说 1 得到验证。农户拥有农业机械量对劳动投入具有显著的负向影响，说明可以用农业机械替代劳动投入。农户外购农业机械作业量与劳动投入之间不存在负向关系，可能是因为农户外购农业机械作业一般是在人工无法替代的必需环节，和劳动投入替代关系较弱。

表 3－4　农地规模—劳动投入弹性：基准回归

被解释变量：ln$L$	(1)	(2)
	未包含控制变量	包含全部控制变量
ln$A$	0.5471***	0.5336***
	(0.0369)	(0.0365)
ln$P$	0.1502***	0.0611
	(0.0455)	(0.0447)
Mratio	0.0541	－0.0999*
	(0.0534)	(0.0598)
Fratio	0.0990*	0.0127
	(0.0579)	(0.0616)
Oratio	－0.2329***	0.0110
	(0.0599)	(0.0590)

续表

被解释变量：lnL	(1) 未包含控制变量	(2) 包含全部控制变量
Cratio	0.0512 (0.0757)	−0.1003 (0.0666)
*Machine*1	N	−6.98e−07** (3.16e−07)
*Machine*2	N	5.87e−06 (6.82e−06)
农户特征	N	Y
村庄特征	N	Y
省级固定效应	N	Y
时间固定效应	N	Y
cons	3.2536*** (0.0910095)	3.7696*** (0.2927609)
N	12726	11688

注：括号中为回归系数的标准误；*、**、*** 分别表示在10%、5%和1%的水平上显著。

为了考察上述基准回归的稳健性，我们根据农地使用量对样本前后5%进行截尾处理，得到的结果如表3－5第（1）列所示，基本结论没有发生变化。由于同时存在农地市场和农业劳动力市场，可能的内生性问题是，会有未观察到的因素同时影响劳动投入和农地使用，从而导致估计结果是有偏且不一致的。为此，我们采用未参与土地流转农户样本进行回归分析，结果如表3－5第（2）列所示，农地规模—劳动投入逆向关系的基本结论没有发生变化。

表3－5　农地规模—劳动投入弹性：稳健性检验

被解释变量：lnL	(1) 前后截尾5%	(2) 仅包含未参与流转土地的农户
ln*A*	0.4603*** (0.0489)	0.4811*** (0.0508)

续表

被解释变量：lnL	(1)	(2)
	前后截尾5%	仅包含未参与流转土地的农户
lnP	0.0554 (0.0467)	0.0607 (0.0512)
Mratio	−0.1372** (0.0635)	−0.0602 (0.0634)
Fratio	0.0032 (0.0659)	−0.0033 (0.0682)
Oratio	−0.0052 (0.0622)	0.0118 (0.0621)
Cratio	−0.1287* (0.0674)	−0.0708 (0.0726)
*Machine*1	−1.34e−04 (8.44e−05)	−5.12e−07* (2.88e−07)
*Machine*2	6.94e−05*** (2.43e−05)	3.38e−05 (2.83e−05)
农户特征	Y	Y
村庄特征	Y	Y
省级固定效应	Y	Y
时间固定效应	Y	Y
cons	4.0254*** (0.2952)	3.9928*** (0.3163)
N	10636	9768

注：括号中为回归系数的标准误；*、**、*** 分别表示在10%、5%和1%的水平上显著。

3.5.2 交易成本与农地规模—劳动投入逆向关系

从农村的实际情况来看，交易成本可以用交通便利度来反映。因为交通便利度一方面决定了劳动力流动的交通成本，另一方面也决定了不同村庄农村居民的交往频率和信息对称的程度，从而决定了狭义交易成本和培训成本的大小。如果农地规模—劳动投入弹性系数受到交通便利度的显著影响，则说明交易成本是农地规模—劳动投入逆向关系的重要决定因素。交通便利度通过村庄和交通相关的两个定性变量之和来度量[①]。如果该变量为2，则认为交通条件较好；如果该变量小于2，则认为交通条件较差。表3－6反映了不同交通状况下的农地规模—劳动投入弹性，交通条件较差时，农地规模—劳动投入弹性系数较小(0.4291)；交通条件较好时，农地规模—劳动投入弹性系数明显变大(0.5389)。这说明交通条件的改善可以明显增加农地规模—劳动投入弹性，从而说明交易成本是农地规模—劳动投入弹性较低，农业劳动力不能得到合理配置的重要原因，假说2得到验证。

表3－6　农地规模—劳动投入弹性：交易成本的影响

被解释变量：ln*L*	(1)	(2)
	交通条件较差	交通条件较好
ln*A*	0.4291*** (0.0877)	0.5389*** (0.0475)
ln*P*	0.0338 (0.0928)	0.0767 (0.0564)
Mratio	0.0894 (0.119)	－0.0649 (0.0747)
Fratio	0.0707 (0.1173)	－0.0535 (0.0910)
Oratio	0.1468 (0.1702)	－0.0041 (0.0847)
Cratio	0.0226 (0.1178)	－0.1841** (0.0905)
农户农业机械	Y	Y
农户特征	Y	Y
村庄特征	Y	Y
省级固定效应	Y	Y

① 参见变量说明。

续表

被解释变量：lnL	(1) 交通条件较差	(2) 交通条件较好
时间固定效应	Y	Y
cons	4.6197*** (0.6177)	3.654*** (0.3606)
N	4157	7531

注：括号中为回归系数的标准误；**、*** 分别表示在5%和1%的水平上显著。

如前所述，随着农地规模的扩大和雇用劳动力的增加，由于交易费用具有递增性质，进一步导致农地使用规模越大，单位土地劳动投入越少。为了说明这一点，我们将全部样本分为实际使用土地 15 亩以上和 15 亩以下两组进行回归，以考察农地规模对劳动力市场交易成本从而对农地规模—劳动投入弹性的影响。如表 3－7 所示，农户土地面积小于 15 亩时，农地规模—劳动投入弹性系数为 0.5239；农户土地面积大于 15 亩时，农地规模—劳动投入弹性系数为 0.4518。显然，农地规模—劳动投入弹性在不同的农地规模水平下具有明显差异：农地规模越大，农地规模—劳动投入弹性系数越小。这反映了随着农地规模的扩大和劳动投入的增加，交易成本越来越高的事实。一种可能的解释是这种情况反映了随着农地规模扩大，农户更容易用机械替代劳动力，但是由于已经控制了农户拥有的农业机械数量和购入的农业机械作业量，有理由认为前者是主要影响因素。

表 3－7　农地规模—劳动投入弹性：农地规模的影响

被解释变量：lnL	(1) 农地规模小于 15 亩	(2) 农地规模大于 15 亩
lnA	0.5239*** (0.0402)	0.4518*** (0.1250)
lnP	0.0515 (0.0493)	0.0002 (0.0962)

续表

被解释变量：lnL	(1)	(2)
	农地规模小于15亩	农地规模大于15亩
Mratio	-0.1150 (0.0711)	-0.1101 (0.145)
Fratio	0.0040 (0.0696)	0.0058 (0.1440)
Oratio	0.0356 (0.0678)	0.0644 (0.1227)
Cratio	-0.1121 (0.0727)	0.0739 (0.2011)
农户农业机械	Y	Y
农户特征	Y	Y
村庄特征	Y	Y
省级固定效应	Y	Y
时间固定效应	Y	Y
cons	3.5554*** (0.3091)	4.7938*** (0.9425)
N	9365	2323

注：括号中为回归系数的标准误；***表示在1%的水平上显著。

3.6 进一步分析

3.6.1 农地流转市场和非农就业市场的影响

农地流转可以替代农业劳动力市场，促进农业生产中劳动—土地的合理配置。表3-8根据农地流转率中位数将样本分为两组分别进行回归，结果发现，随着农地流转规模的扩大，农地规模—劳动投入弹性系数明显变大（从0.5098增加到0.6109）。可见，农地市场的流转的确可以替代劳动力市场，促进农业生产要素的合理配置。

表 3－8 农地规模—劳动投入弹性：农地流转的影响

被解释变量：lnL	(1) 农地流转率较低	(2) 农地流转率较高
lnA	0.5098***	0.6109***
	(0.0462)	(0.0845)
lnP	0.0636	0.0709
	(0.0518)	(0.1176)
Mratio	－0.1559**	0.6963***
	(0.0652)	(0.1926)
Fratio	0.0137	0.3392
	(0.0690)	(0.2268)
Oratio	－0.0094	0.2465
	(0.0638)	(0.2254)
Cratio	－0.0903	0.3448
	(0.0767)	(0.3209)
农户农业机械	Y	Y
农户特征	Y	Y
村庄特征	Y	Y
省级固定效应	Y	Y
时间固定效应	Y	Y
cons	3.7012***	3.1846
	(0.3037)	(3.3667)
N	9375	2356

注：括号中为回归系数的标准误；**、*** 分别表示在5%和1%的水平上显著。

现有文献认为，非农就业水平可以促进小农户向非农产业转移其过剩劳动力，从而避免小农户劳动投入过于密集的情况。表 3－9 根据非农就业率中位数将样本分为两组分别进行回归，结果发现，非农就业水平对农地规模—劳动投入弹性系数仅有微小的影响。这一结论与 Bowlus 和 Sicular（2002）的研究不一致。这可能是因为，经过 20 余年向非农产业的转移，我国农业劳动力目前已经实现了向非农产业的充分转移，现有农业劳动力或多或少存在向非农产业流动的障碍（如年龄限制、受教育程度限制）。因此，在当前的中国农村，非农化水平在降低小农户过剩劳动力方面没有显著作用，在改善劳动力配置效率方面作用有限。

表 3-9　农地规模—劳动投入弹性：非农就业水平的影响

被解释变量：lnL	(1)	(2)
	非农就业水平较低	非农就业水平较高
lnP	-0.0637 (0.1075)	0.0574 (0.0671)
Mratio	-0.1668 (0.1189)	-0.0571 (0.1069)
Fratio	-0.1729 (0.1502)	0.0967 (0.0885)
Oratio	-0.1277 (0.0946)	0.0157 (0.0975)
Cratio	-0.0849 (0.1085)	-0.0401 (0.1243)
lnA	0.5067 *** (0.0996)	0.5176 *** (0.0495)
农户农业机械	Y	Y
农户特征	Y	Y
村庄特征	Y	Y
省级固定效应	Y	Y
时间固定效应	Y	Y
cons	4.7898 *** (0.7522)	3.3898 *** (0.3796)
N	5108	6580

注：括号中为回归系数的标准误；*** 表示在 1% 的水平上显著。

3.6.2　农地规模扩大对产量的影响

为了分析农地规模扩大对产量的影响，利用方程（3-14）进行回归检验：

$$\ln Q_{it} = \alpha' + \beta' \ln A_{it} + \gamma' \ln P_{it} + \sum_{j=1}^{N} \gamma_j' \frac{P_{it}^j}{P_{it}} + \sum_{j=1}^{M} \delta_j' H_{it}^j + \sum_{j=1}^{D} \mu_j' V_{it}^j + \sum_{j=1}^{E} \rho_j' R_{it}^j + \theta_i' + \varepsilon_{it} \quad (3-14)$$

其中，β' 为农地规模—农业产出弹性系数。

回归检验结果如表 3－10 所示，农地规模—农业产出弹性的系数为 0.7733，明显大于农地规模—劳动投入的弹性系数 0.5336，说明随着农地规模的扩大，虽然单位土地劳动投入减少程度较大，但是单位土地的产出水平减少程度相对较小。这说明在农地规模扩大的同时，农户的劳动效率有所提高。这可能反映了规模农户在土地规模扩大时会增加劳动强度，也可能反映出农户在农业机械之外的农业技术改进方面做了更多的努力。[①] 例如，采用更加先进的农业设施、更加优良的品种和栽培技术、更加科学的施肥方法。后者实际反映了未被观察到的规模经济：由于经营规模的扩大，农户在农业技术改进方面的投入更加值得，所以会更多地采用新技术，从而在一定程度上抵消了劳动投入的减少带来的产量下降。这个结论可以在一定程度上降低我们对农业生产规模扩大导致农业产出水平下降的担忧。

表 3－10　农地规模—农业产出弹性

被解释变量：lnQ	(1)	(2)
	不包含控制变量	包含控制变量
lnA	0.7647***	0.7733***
	(0.0458)	(0.0492)
lnP	0.0829**	0.0726*
	(0.0407)	(0.0426)

① 已经对农业机械的使用进行了控制。如表 3－10 所示，家庭农业机械的使用导致产量有些微降低，说明与传统的精耕细作的农业生产模式相比，机械化作业对产量有一定的负面影响。外购农业机械作业量对产量有一定的正向影响，说明一般是在必需环节外购机械作业，对劳动投入替代作用较弱而补充作用较强。

续表

被解释变量：lnQ	(1) 不包含控制变量	(2) 包含控制变量
Mratio	0.0562 (0.0641)	0.0385 (0.0668)
Fratio	-0.0671 (0.0679)	-0.1053 (0.0757)
Oratio	-0.1742 *** (0.0623)	-0.0823 (0.0563)
Cratio	-0.0008 (0.0841)	-0.0474 (0.0878)
*Machine*1	N	-1.39e-07 * (1.09e-08)
*Machine*2	N	5.53e-06 * (2.97e-06)
农户特征	N	Y
村庄特征	N	Y
省级固定效应	N	Y
时间固定效应	N	Y
cons	7.6409 *** (0.0898)	7.7920 *** (0.3109)
N	12661	11626

注：括号中为回归系数的标准差；*、**、*** 分别表示在10%、5%和1%的水平上显著。

3.7 结论与政策建议

本章结合中国农业劳动力市场的实际情况，在农户模型的基础上引入交易成本分析了我国农业生产中农地规模—劳动投入逆向关系产生的机制，并运用农村固定观察点调查数据进行了实证检验。研究发现，我国农业生产中的确存在农地规模—劳动投入逆向关系，产生这一关系的主要原因是农业劳动力市场存在的交易成本，并且该交易成本会随着农地规模的扩大而递增；农地流转规模的扩大可以弱化这种农地规模—劳动投入逆向关系；农地规模的扩大虽然带来了单位土地农业产出的减少，但是减少的程度小于劳动投入的减少。基于以上结论，我们建议采取如下措施促进农业劳动力资源的合理配置。

第一，提升农村交通基础设施。自进入21世纪以来，通过新农村建设和其后的陆续投资，我国农村的交通状况已经有了长足的改进，促进了农业劳动力的流动。前文分析表明，交通便利性是农户劳动力流动交易成本的重要决定因素，进一步改善农村交通设施和农村公共交通服务，既可以降低直接的交通成本，又可以通过农户之间交流的增加减少信息不对称，从而降低为了避免机会主义行为而产生的交易成本，成为提高农业劳动力配置效率的重要途径。

第二，促进农业劳动力市场发育。我国农村地区的基层政府较为重视农业劳动力向非农产业的转移，但对于农业劳动力在农业内部的流动尚未给予足够的重视。在农业劳动力日趋减少的背景下，需要通过市场制度建设来促进农业劳动力的合理配置。例如，应该通过地方性立法对农业劳动力的交易制定规则，清晰界定交易双方的权利义务，减少规则不清晰所带来的机会主义行为。

第三，鼓励农地流转。由于农业劳动力流动的便利性，农业劳动力市场是实现农业劳动力资源合理配置的主要途径。但是研究表明，促进农地的市场流转，也可以在一定程度上缓解农业劳动力的不合理配置。因而，应当在农村土地“三权”分置的基础上，进一步推动农地根据家庭农业劳动力的实际状况进行流转，实现农业劳动力和农业土地的合理组合。

第四，促进农业生产中现代农业技术的使用。农业劳动投入的减少可以通过农业机械的增加来替代，而其他农业技术的采用也有助于提高原有劳动力的生产效率，从而减少农地规模扩大过程中由于劳动投入的减少而给产量带来的负面影响。在促进农地规模扩大的过程中，政府可以积极鼓励农业机械和其他农业新技术的使用，以避免单位土地劳动投入降低可能带来的农业产出水平降低。

4 农地流转对农户农业劳动力供求行为的影响

摘　要： 实现乡村振兴的重要基础是农业生产要素配置效率的提高。随着我国农户之间劳动—农地比例差异的扩大，以农业雇工为形式的农业劳动力市场逐步发展，成为我国以家庭劳动为主的农业劳动力配置的重要补充。本章以农业家庭模型为基础，分析了市场不完善条件下农地流转影响农户农业劳动力供求（雇出与雇入）的机制，并在此基础上运用中国家庭追踪调查数据对该影响机制从供给与需求、地区差异等角度进行了系统的经验检验。研究结果表明：第一，农地禀赋对农户农业劳动力供求行为没有影响；农地转出对农户农业劳动力供给（雇出）行为有显著的正向影响，农地转入对农户农业劳动力需求（雇入）行为有显著的正向影响。这说明我国目前的农业劳动力市场在较大程度上是为适应农地流转和农地规模化经营的需要而产生的。第二，农地流转影响农户农业劳动力供求的边际效应较小，这反映了我国农业劳动力市场还存在着不完善性。第三，经济欠发达地区部分农户在转出承包土地后从事农业雇工劳动，显示了目前我国的小农户在面对复杂多变的大市场时面临着困难，说明了我国在农村地区发展新型农业经营主体的必要性和可行性。

4.1 引言

全面推进乡村振兴，加快实现农业农村现代化的重要基础是农业生产要素配置效率的提高。我国农村的家庭承包经营制度最初是按照人口平均分配土地承包权。这种制度安排虽然是出于公平的考虑，但在实际上大体符合生产要素配置的等边际原则，实现了农村劳动力和土地资源的合理配置。然而，经历了40余年的市场化和城市化进程，我国农地流转规模逐步扩大，并且近年来呈现加速的趋势。2011—2017年，农村耕地流转面积占家庭承包耕地面积的比重从17%提高到了37%[①]。同时，由于农户家庭人口的变化和农村劳动力向非农产业的转移，农业劳动力在农户之间的配置也发生了显著变化。因此，农户之间的劳动—农地匹配关系产生了显著差异，农业劳动力的过剩与短缺现象并存。

在这种背景下，农业雇工现象逐步发展，形成了具有一定规模的农业劳动力市场。表4-1反映了我国目前农业雇工的总体情况。总体来看，我国目前农业经营主体以家庭为主，农业劳动力以家庭劳动为主[②]。农业雇工是家庭劳动的补充，在全部农村户籍成年人口和农业劳动力人口中所占比率都比较低，但表现出逐渐上升的趋势。这种基于双方平等自愿的市场行为，一方面有利于在我国农业劳动力供给总体渐趋紧张[③]的背景下实现对现有农业劳动力资源的合理配置，以充分利用现有农业劳动力，稳定和提升我国以粮食为主的重要农产品的供给能力；另一方面可以为农地适度规模经营和新型农业经营主体的发展提供必要的要素市场条件，有利于促进我国现代农业发展和全面推进乡村振兴。

---

① 数据来自土流网(https://www.tuliu.com)和中国农村网(http://journal.crnews.net)。

② 除普通农户外，作为目前新型农业经营主体主要组成部分的专业大户和家庭农场，家庭劳动也占有较大比重；多数专业合作社也是农户在部分生产经营环节的合作者，其经营主体仍然是农户，劳动仍然以家庭劳动为主，主要依靠雇工经营的农业企业实际上极为少见。

③ 李旭鸿．破解“农民荒”，关键在效益[N]．人民日报，2011-09-04.

表 4-1　我国农业雇工在农村劳动力中所占比率

时间	指标	东部地区	中部地区	西部地区	全国
2014 年	农业雇工占农业劳动力比例（%）	5.78	3.18	2.99	3.93
	农业雇工占农村户籍成年人口比例（%）	3.60	1.99	2.16	2.60
2018 年	农业雇工占农业劳动力比例（%）	6.89	6.13	3.47	5.29
	农业雇工占农村户籍成年人口比例（%）	4.56	3.99	2.56	3.60

注：根据中国家庭追踪调查数据计算。对该数据的详细说明参见后文。

由于我国农业经营主体以家庭为主，我国农业劳动力市场的供求（雇出与雇入）双方主要是农户家庭①。农地流转是影响农户农业劳动力供求行为的重要因素，深入理解中国农业劳动力市场，需要对农户农业劳动力供求与农地流转（以及相应的新型农业经营主体）之间的关系进行系统的理论与经验考察。目前国内这一领域已经出现了一些理论和经验研究，但是，这些研究未能从市场完善性和资源优化配置的角度进行系统的理论分析，经验研究也多以案例或者小样本为基础。本章将以经典的农业家庭模型（AHM）为基础，运用全国性的微观调查数据，从市场完善性及资源配置的角度考察农地流转对农户农业劳动力供求的影响。通过这种分析，本章试图回答以下问题：第一，我国农户农业劳动力供求行为和农地流转以及相应的新型农业经营主体培育之间是否存在确定的经验关系？第二，我国农户农业劳动力供求是否可以随着农地流转而充分调整？第三，我国农户农业劳动力供求行为和农地流转之间的关系存在怎样的地区差异？

在现有文献的基础上，本章的边际贡献主要表现在以下三个方面：第一，以经典的农业家庭模型为基础，阐明了在市场不完善条件下农地

① 多数新型农业经营主体（农业大户、家庭农场）仍然将农户作为经营主体，农民合作社内部农户仍然是经营主体。

流转影响农户农业劳动力供求的经济机理。第二，运用覆盖全国且相关变量较全的中国家庭追踪调查数据进行较为系统的经验检验，发现农户农业劳动力供求行为与农地禀赋无关，主要受到农地流转的影响，但这一影响并不充分（边际效应较小）。第三，分地区的经验检验表明，经济欠发达地区农户存在租出农地而雇出劳动力的行为，这反映了发展新型农业经营主体的必要性。

4.2 文献综述

发展经济学研究农业劳动力市场的理论起点是农业家庭模型（AHM）。根据 Barnum 和 Squire（1979）的模型，在市场完善的情况下"分离特性"成立，农户根据利润最大化的原则来确定劳动投入，这就要求农户利用劳动力市场来达到劳动投入的最优状态[①]。该模型的不足在于未考虑发展中国家事实上存在的市场不完善。经济学家以此为理论基础对多个发展中国家农业劳动力市场的配置效率进行了经验研究。Jacoby（1993）[②]、Barrett 等（2007）[③] 通过直接考察边际产出和工资水平之间的差距检验农业劳动力市场的配置效率，但是，这种方法对工资数据的要求较高。Benjamin（1992）的研究则认为可以用人口、土地等家庭禀赋与劳动使用量的相关关系来反映农业劳动力的配置效率[④]。这种方

---

① Barnum H N, Squire L. An Econometric Application of the Theory of the Farm – Household [J]. Journal of Development Economics, 1979, 6(1): 79 – 102.

② Jacoby H G. Shadow Wages and Peasant Family Labour Supply: An Econometric Application to the Peruvian Sierra[J]. The Review of Economic Studies, 1993, 60(4): 903 – 921.

③ Barrett C B, Sherlund S M, Adesina A A. Shadow Wages, Allocative Inefficiency, and Labor Supplyin Smallholder Agriculture[J]. Agricultural Economics, 2007, 38(1): 21 – 34.

④ Benjamin D. Household Composition, Labor Markets, and Labor Demand: Testing for Separation in Agricultural Household Models[J]. Econometrica, 1992, 60(2): 287 – 322.

法避免了对精确工资价格的要求，扩展了经验研究的范围。Heltberg（1998）①、Benjamin 和 Kimhi（2006）②、LaFave 和 Thomas（2016）③、Dillon 等（2019）④ 运用这一方法对非洲和亚洲多国进行的经验研究表明，发展中国家市场的不完善的确降低了劳动力配置效率。

已经有学者运用上述方法对中国农业劳动力市场进行了讨论。Benjamin 和 Brandt（2002）基于河北和辽宁的调查数据进行的经验研究表明，农户土地规模和农户单位土地的劳动投入之间存在反向关系⑤。Bowlus 和 Sicular（2003）基于山东邹平调查数据的经验研究表明，中国农户的单位土地劳动投入与家庭人口规模之间存在正向关系⑥。这表明，中国农业劳动力市场存在着不完善性，劳动力配置在很大程度上受到家庭人口禀赋和土地禀赋的影响。梁义成等（2010）⑦、Lu 和 Wang（2014）⑧ 的研究也得出了类似的结论。但是，这些研究未能充分考虑经济转型过程中我国农地流转市场逐步扩大和劳动人口结构变化的实际情况。

许多中国学者结合中国农村劳动力转移和土地流转规模日益扩大的实际情况，对中国农业劳动力市场的特征进行了考察。这些研究（鲁先凤，

---

① Heltberg R. Rural Market Imperfections and the Farm Size – Productivity Relationship: Evidence from Pakistan[J]. World Development, 1998, 26(10): 1807 – 1826.

② Benjamin C, Kimhi A. Farm Work, Off – Farm Work, and Hired Farm Labour: Estimating a Discrete – Choice Model of French Farm Couples' Labour Decisions[J]. European Review of Agricultural Economics, 2006, 33(2): 149 – 171.

③ LaFave D, Thomas D. Farms, Families, and Markets: New Evidence on Completeness of Markets in Agricultural Settings[J]. Econometrica, 2016, 84(5): 1917 – 1960.

④ Dillon B, Brummund P, Mwabu G. How Complete are Labor Markets in East Africa? Evidence from Panel Data in Four Countries[J]. Journal of Development Economics, 2019, 139(1): 78 – 96.

⑤ Benjamin D, Brandt L. Property Rights, Labour Markets, and Efficiency in a Transition Economy: The Case of Rural China[J]. Canadian Journal of Economics, 2002, 35(4): 689 – 716.

⑥ Bowlus A, Sicular T. Moving toward Markets? Labor Allocation in Rural China[J]. Journal of Development Economics, 2003, 71(2): 561 – 583.

⑦ 梁义成，李树苗，费尔德曼，等．农户的非农参与和农业劳动供给研究：来自中国西部山区的证据[J]．统计与信息论坛，2010，25(5)：91 – 96.

⑧ Lu Chen, Wang Yuyu. The Separation of Agricultural Household: Evidence from China[C]//International Conference on Education, Management and Social Science. Amsterdam: Atlantis Press, 2014: 34 – 37.

2008；李义波、弓路沙，2011；唐萍萍、李世平，2011；向倩雯，2016；王颜齐等，2017）认为，中国农业劳动力市场具有临时性、自发性、分割性等特征，农业雇工群体具有老龄化、低人力资本等特征①②③④⑤。部分研究者强调了农地流转、规模化经营和新型农业经营主体的形成对中国农业劳动力市场的影响。向倩雯（2016）的研究指出，农地流转所带来的农地规模化经营是农业雇工现象产生的重要原因⑥。王颜齐等（2017）运用黑龙江 412 个农户的调查数据进行了经验研究，发现土地转出对农户受雇意愿有显著的正向影响，年龄、性别、家庭规模也对农户受雇意愿有显著影响⑦。陈昭玖和胡雯（2016）运用来自赣粤两省的调查数据，考察了农地规模和农业劳动力特征对农业雇工需求的影响，该研究没有发现农业经营土地规模的扩大对农业雇工需求的影响，但是发现家庭女性人口比例对雇工需求有显著影响⑧。

这些文献结合中国农业发展与改革的现状，对中国农业劳动力市场的特征及其与农地流转关系进行了多方面的分析，但是还存在以下局限性：第一，未能将农户农业劳动力供求行为与农地流转关系的分析建立在农业家庭模型（AHM）之上，从而不能从市场完善性与资源优化配

① 鲁先凤．中国现阶段农业雇工的特征与成因简析[J]．理论月刊，2008，324(12)：154－157.

② 李义波，弓路沙．农民合作行为变化与社会变迁的微观机制：以华北平原 S 村为例[J]．中国农村观察，2011，97(1)：39－48.

③ 唐萍萍，李世平．兼业农业工人存在及发展研究：基于陕西省中部的实证研究[J]．西北人口，2011，32(2)：52－55，60.

④ 向倩雯．农村空心化背景下的农业雇工现状与特征简析[J]．中国农业资源与区划，2016，37(11)：158－162.

⑤ 王颜齐，毕欣宁，李玉琴．土地规模化流转背景下农业雇工受雇现状及问题分析[J]．农业经济与管理，2017，46(6)：36－42.

⑥ 向倩雯．农村空心化背景下的农业雇工现状与特征简析[J]．中国农业资源与区划，2016，37(11)：158－162.

⑦ 王颜齐，毕欣宁，孟杰．土地规模化流转背景下农业雇工意愿及影响分析[J]．农业现代化研究，2017，38(3)：460－466.

⑧ 陈昭玖，胡雯．农业规模经营的要素匹配：雇工经营抑或服务外包：基于赣粤两省农户问卷的实证分析[J]．学术研究，2016，381(8)：93－100，177.

置的角度对农户劳动力供求行为进行系统的理论解释。第二，现有研究多以案例研究或小范围个人调查数据为基础，无法同时从供给和需求角度对农户参与农业劳动力市场的行为进行考察，也无法对不同地区农业劳动力市场与农地流转的关系进行比较分析，从而无法进行系统的经验分析。

4.3 理论机制

农业家庭模型（AHM）描述了在劳动力市场处于不同状态下的农户劳动投入行为，是分析农业劳动力市场的适当起点。以下我们首先分析在劳动力市场完善情形下农户劳动力的最优投入及相应的农业劳动力供求行为。在此基础上，结合中国实际分析劳动力市场不完善情形下农户的农业劳动投入及相应的农业劳动力供求行为。由于本章主要讨论农业劳动力市场，所以在下文的分析中，我们假定农户的实际农地利用规模是外生的①。

4.3.1 市场完善情形下农户劳动力投入的均衡

根据农业家庭模型（AHM），如果劳动力市场和土地市场都是完善的，农户的要素投入不受其要素禀赋的约束，可以通过在市场上自由地雇入（租入）或雇出（租出）生产要素而实现其利润最大化②。事实上，对要素市场的要求可以进一步放宽，只要劳动力市场是完善的，农户就可以通过在市场上自由地雇入或者雇出劳动力来实现其利润最大化，农户对劳动力的投入决策不受其劳动力禀赋的限制（Bardhan and Udry，1999）③。

---

① 实际农地利用规模包括集体分配土地和流转土地。集体分配土地自然是外生的；农地流转受到诸多因素的限制，加之其契约期较长的特征，在对劳动力市场进行讨论时也可以视其为外生的。

② 即分离性定理成立。

③ Bardhan P，Udry C. Development Microeconomics[M]. Oxford：Oxford University Press，1999.

根据上述分析，可以假定，短期内农业劳动力市场是完善的；土地市场不可交易，土地可以视为外生变量。由于农业劳动力市场是完善的，农户可以通过劳动力市场的雇入（雇出）达到生产要素的最佳组合，进而实现利润最大化。农户的利润函数可以表达为

$$\pi = A L^{\alpha} N^{\beta} - wL - r\overline{N} \tag{4-1}$$

其中，π 代表农户的利润；农户的生产函数为柯布－道格拉斯生产函数，A、L、$\overline{N}$、w、r 分别代表农户在家庭农业生产中的技术水平、劳动投入、土地投入、劳动力价格（工资）和土地租金；α 和 β 分别表示产出对劳动投入和土地投入的弹性，并且有 $0<\alpha<1$，$0<\beta<1$，$\alpha+\beta=1$；假定农业劳动力市场完全竞争，则农户面对既定的工资[①]。利润函数的一阶条件为

$$\alpha A L^{\alpha-1} \overline{N}^{\beta} = w \tag{4-2}$$

即实现利润最大化时农户的边际产出应该等于市场工资。此时，最佳的劳动的使用量为

$$L^{*} = \left(\frac{A\alpha}{w}\right)^{\frac{1}{1-\alpha}} \cdot \overline{N}^{\frac{\beta}{1-\alpha}} \tag{4-3}$$

其中，L^{*} 表示家庭实际使用农地（$\overline{N}$）的最佳劳动投入量。当所有农户都据此决定劳动投入时，所有农户的边际产出相等，农业劳动力实现了帕累托有效配置，农业产出实现了最大化。

4.3.2 劳动力供求（雇出与雇入）与农地流转的关系

用 L_f 表示家庭农业劳动力禀赋[②]。于是，劳动力雇出（雇入）量 L_h 可以表示为[③]

---

① 农户自有土地和劳动力的成本以市场价格作为机会成本来计算。

② 考虑到由于受教育水平和年龄等因素的限制，目前农村农业劳动力在农业与非农产业之间转移已经比较困难，所以此处假定家庭农业劳动力禀赋是外生的。

③ 本章的农业劳动力供给、需求分别与农业劳动力雇出和雇入为同义语，全章根据不同语境选用不同的表达方式。

$$L_h = L_f - L^* = L_f - \left(\frac{A\alpha}{w}\right)^{\frac{1}{1-\alpha}} \cdot \overline{N}^{\frac{\beta}{1-\alpha}} \quad (4-4)$$

显然，L_h 是家庭农业劳动力禀赋与家庭实际使用农地最佳劳动投入量之差。如果 $L_h > 0$，表示家庭农业劳动力禀赋大于家庭实际使用农地的最佳劳动投入量，此时 L_h 表示农业劳动力雇出；如果 $L_h < 0$，表示家庭农业劳动力禀赋小于家庭实际使用农地的最佳劳动投入量，此时 L_h 则表示农业劳动力雇入①。

在长期内，农地可以流转（虽然这种流转并不充分），即外生变量 $\overline{N}$ 是可变的。根据式（4-4）对 L_h 关于 $\overline{N}$ 求导，显然有

$$\frac{\partial L_h}{\partial \overline{N}} < 0 \quad (4-5)$$

可见，在劳动力市场完善的情况下，农户劳动力雇出（雇入）量随着农户实际使用农地量的增加而减少（增加）。由于 $\overline{N}$ 实际上包括两部分：家庭从集体分配的承包地 N_0（农地禀赋）；家庭租入（租出）的土地 N_r。如果 N_r 为正值，表示家庭租入土地；如果 N_r 为负值，表示家庭租出土地。于是有

$$\overline{N} = N_0 + N_r \quad (4-6)$$

由式（4-5）和式（4-6）可得

$$\frac{\partial L_h}{\partial N_0} < 0, \frac{\partial L_h}{\partial N_r} < 0 \quad (4-7)$$

据此可以认为，农户农地禀赋越多，农业劳动力雇出越少，农业劳动力雇入越多；农户农地租入越多，农业劳动力雇出越少，农业劳动力雇入越多（与此一致，农户农地租出越多，农业劳动力雇出越多，农业劳动力雇入越少）。

① 由于引入上述模型的 L_f 是农业劳动力禀赋，所以此处排除了农户剩余劳动力用于非农雇出的可能性。

4.3.3 劳动力市场不完善情形下的分析

上述分析显示了在市场完善情形下农地流转影响农业劳动力供给和需求的机制。但是，如果缺乏必要的基础设施及制度环境，农业劳动力无法充分流动，农业劳动力市场是不完善的。此时

$$L_h{}' = \gamma(L_f - L^*) = \gamma[L_f - (\frac{A\alpha}{w})^{\frac{1}{1-\alpha}} \cdot \overline{N}^{\frac{\beta}{1-\alpha}}] \qquad (4-8)$$

其中，$0 \leqslant \gamma \leqslant 1$，用于表示市场的完善程度。市场完善时 $\gamma = 1$，意味着通过劳动力的雇出（雇入）可以使农户家庭实际使用农地的劳动投入达到最佳水平；市场不存在时 $\gamma = 0$，意味着无法进行劳动力的雇出（雇入），农户在家庭实际使用农地上投入自己的劳动力禀赋。显然，如果 $0 < \gamma < 1$，市场存在但不完善；γ 越小，意味着市场越不完善。结合式（4-6）有

$$\frac{\partial L_h}{\partial N_0} < \frac{\partial L_h{}'}{\partial N_0} < 0, \frac{\partial L_h}{\partial N_r} < \frac{\partial L_h{}'}{\partial N_r} < 0 \qquad (4-9)$$

显然有

$$\left|\frac{\partial L_h}{\partial N_0}\right| > \left|\frac{\partial L_h{}'}{\partial N_0}\right|, \left|\frac{\partial L_h}{\partial N_r}\right| > \left|\frac{\partial L_h{}'}{\partial N_r}\right| \qquad (4-10)$$

可见，市场存在但不完善的情况下，农地禀赋和农地流转对农业劳动力市场供求仍然有影响，且影响方向和以前类似：农户农地禀赋越多，农业劳动力雇出越少，农业劳动力雇入越多；农户农地租入越多，农业劳动力雇出越少，农业劳动力雇入越多（与此一致，农户农地租出越多，则农业劳动力雇出越多，农业劳动力雇入越少）。但是，边际效应与市场完善情形下相比会有所降低。此时，通过农地流转扩大农地规模的农户可能无法雇用到足够多的农业劳动力，通过农地流转缩小农地规模的农户无法充分地将剩余农业劳动力雇出，农业劳动力的过剩与短缺并存，农业劳动力无法实现合理配置。

根据以上分析，可以提出以下假说：

假说1：在劳动力市场存在但不完善情形下，农户农地禀赋增加，则雇入劳动力增加，雇出劳动力减少，但边际效应较小。

假说2：在劳动力市场存在但不完善情形下，农户农地租入增加，则雇入劳动力增加，雇出劳动力减少（与此一致，农户农地租出增加，则雇出劳动力增加，雇入劳动力减少），但边际效应较小。

4.4 数据来源、变量说明与计量模型

4.4.1 数据来源与样本处理

本章使用的数据来自中国家庭追踪调查，该数据覆盖了全国25个省（区、市），具有全国代表性。本章使用的主要是该调查2014年和2018年两轮调查的数据[①]。根据本章考察农业劳动力市场的需要，我们删除了样本中的城镇居民（包括农户家庭中拥有城镇户籍的人口）以及未成年[②]和成年但仍处于受教育状态的农村居民，最终的样本中包括3092个家庭共5654个劳动者。

4.4.2 计量模型的设定

根据上述分析，本章的计量模型设定如下：

$$laborsupply_{it} = \alpha_0 + land_{it}'\alpha_1 + family_{it}'\alpha_2 + X_{it}'\alpha_3 + \varepsilon_{it} \tag{4-11}$$

$$labordemand_{it} = \beta_0 + land_{it}'\beta_1 + family_{it}'\beta_2 + X_{it}'\beta_3 + \mu_{it} \tag{4-12}$$

其中，i表示第i个农户家庭；t表示调查年份；$laborsupply_{it}$表示农户的农业劳动力雇出量；$labordemand_{it}$表示农户的农业劳动力雇入量；

① 受新冠疫情影响，2018年数据是该调查的最新一轮数据。

② CFPS数据中的未成年人为16岁及以下的人口。

$land_{it}$ 、$family_{it}$ 和 X_{it} 分别表示农地特征向量、农户人口学特征向量、其他控制变量向量；α_0、β_0 为截距项；α_1、α_2、α_3、β_1、β_2、β_3 为对应的回归系数向量；ε_{it}、μ_{it} 为各自回归方程的随机扰动项。

4.4.3　变量选择与描述

根据研究假说，被解释变量是农户农业劳动力的雇出量和雇入量（农业劳动力的市场供给与需求）。农业劳动力雇出量用家庭参与农业雇工的劳动者的人数来衡量；农业劳动力雇入量用农户农业雇工费除以当地的农业雇工价格来衡量。解释变量主要是家庭的农地特征。农地特征变量包括从村集体承包的农地面积，以及租入农地面积和租出农地面积。其中，从村集体承包的农地面积用“从集体分配到的耕地数量”来衡量。租出农地面积和租入农地面积用农地流转费用除以当地的农地流转价格得到。

家庭人口禀赋为控制变量，包括家庭人口数量、年龄结构、性别结构、健康结构、学历结构。年龄结构用各年龄段成员的人数来反映，其中未成年人口用16岁及以下人口数量来衡量，高龄人口用70岁以上人口数量来衡量；性别结构用女性数量来衡量；健康结构用健康状况较差家庭成员的比例来衡量①；学历结构用小学及以下学历的家庭成员比例来衡量。

其他控制变量主要包括家庭农业机械拥有状况与租用状况、村庄（行政村）特征和地区固定效应。村庄特征变量包括村庄耕地平均产值、村级雇工价格、村庄距离县城（市、区）的距离、村庄户籍人口数和外出打工劳动力比例。地区是指属于东部、中部还是西部，用虚拟变量来反映。

表4－2显示了上述变量的具体含义和统计特征。

---

① “健康状况较差”是指劳动者的自评健康状况为“不健康”和“一般”。

表 4－2 变量说明及统计特征

变量	指标说明	2014 年		2018 年	
		均值	标准差	均值	标准差
被解释变量					
Fhireout	该农户家庭过去一年内从事农业雇出劳动的人数（人）	0.029	0.166	0.038	0.192
Fhirein	该农户家庭过去一年内雇入的农业劳动量（人×日＝工）	3.638	19.360	5.425	20.630
农地禀赋与流转					
landoutarea	该农户在过去一年内租出农地的面积（亩）	0.116	0.724	0.184	0.936
landinarea	该农户在过去一年内租入农地的面积（亩）	0.563	4.284	0.482	3.469
landendow	该农户从村集体承包的耕地面积（亩）	10.678	30.004	10.755	32.412
控制变量					
floweduratio	家庭成员中受教育程度为小学及以下的比例	0.418	0.293	0.353	0.292
funhealratio	家庭成员中健康状况较差的成员的比例	0.221	0.256	0.199	0.253
fage3050	家庭成员中年龄大于等于 30 岁小于 50 岁的人数（人）	1.042	0.662	0.739	0.841
fage5070	家庭成员中年龄大于等于 50 岁小于 70 岁的人数（人）	0.913	0.861	1.024	0.827
fage70	家庭成员中年龄大于等于 70 岁的人数（人）	0.147	0.429	0.127	0.394
fwomen	家庭成员中成年女性的人数（人）	1.212	0.686	0.993	0.602
fchildren	家庭成员中年龄小于 16 岁的人数（人）	1.676	1.456	2.007	1.701
familysize	家庭人口总数（人）	4.245	1.867	4.099	1.950
outworkratio	村庄中外出打工的劳动力占总劳动力的比例	0.380	0.212	0.384	0.214
population	所在村庄的常住人口数（万人）	0.196	0.151	0.196	0.154

续表

变量	指标说明	2014 年		2018 年	
		均值	标准差	均值	标准差
distance	村庄村委会距离县城（市、区）的距离（里）	52.626	41.108	52.870	41.441
landqua	村庄的单位耕地产值（万元/亩）	0.454	2.355	0.484	2.645
machine	家庭所拥有的农用机械的总价值（万元）	0.178	0.591	0.341	1.451
machiner	家庭租借用于农业生产的机器所支付的租借费（万元）	0.045	0.107	0.052	0.164

4.5　统计描述

4.5.1　从事农业雇工劳动者的个人特征

表4－3显示了从事农业雇工劳动者的人口学特征。为了便于把握农业雇工的特征，我们在表4－3中同时显示了家庭农业劳动者和非农打工者的人口学特征①，并对均值差进行了 t 检验。从年龄来看，农业雇工平均年龄2014年为47.2岁，2018年则上升为50.6岁，小于家庭农业劳动者，但明显大于非农打工者。从受教育程度来看，农业雇工的受教育程度较低，受教育年限为5～6年，高于家庭农业劳动者，低于非农打工者。从性别特征来看，农业雇工的男性比例高于家庭农业劳动者，但低于非农打工者。从健康水平来看，农业雇工的身体状况显著优于家庭农业劳动者，但低于非农打工者。总之，农业雇工的年龄、受教育程度、性别比例、健康状况均处于家庭农业劳动者和非农打工者之间。

① 2014年样本中的农村劳动者共有5654人，其中农业雇工数量为158人，家庭农业劳动者数量为4305人，非农打工者数量为1272人。2018年样本中的农村劳动者共有5654人，其中农业雇工数量为218人，家庭农业劳动者数量为4055人，非农打工者数量为1308人。应该注意的是，还有一些劳动类型（如非农自雇）没有展示在表4－3中，并且目前这三类劳动者之间可能存在兼业的情况。

表 4 -3　农业雇工个人特征的统计描述

变量			2014 年	2018 年
age（岁）	均值	农业雇工	47. 246	50. 643
		家庭农业劳动者	49. 537	54. 032
		非农打工者	41. 246	44. 089
	均值差	农业雇工——家庭农业劳动者	-3. 841 ***	-4. 534 ***
		农业雇工——非农打工者	9. 334 ***	8. 182 ***
gender（1 为男，0 为女）	均值	农业雇工	0. 539	0. 580
		家庭农业劳动者	0. 480	0. 494
		非农打工者	0. 710	0. 705
	均值差	农业雇工——家庭农业劳动者	0. 073 **	0. 103 ***
		农业雇工——非农打工者	-0. 121 ***	-0. 088 ***
education（年）	均值	农业雇工	5. 787	5. 951
		家庭农业劳动者	5. 142	4. 847
		非农打工者	7. 473	7. 131
	均值差	农业雇工——家庭农业劳动者	0. 616 **	1. 339 ***
		农业雇工——非农打工者	-2. 341 ***	-1. 662 ***
healthy（有序分类变量；1 为不健康，5 为非常健康）	均值	农业雇工	3. 090	3. 106
		家庭农业劳动者	2. 928	2. 828
		非农打工者	3. 277	3. 031
	均值差	农业雇工——家庭农业劳动者	0. 215 ***	0. 287 ***
		农业雇工——非农打工者	-0. 244 ***	-0. 139 *
农业雇工人数（人）			158	218
农村劳动者人数（人）			5654	5654

注：*、**、*** 分别表示该差异的 t 检验在 10%、5%、1% 的水平上显著。

4. 5. 2　农业劳动力雇出（入）家庭的特征

表 4 -4 反映了农业劳动力雇出（入）农户的家庭农地特征。从土地禀赋与流转来看，农业劳动力雇出家庭从集体承包的土地较少，农地租入较少，农地租出较多；农业劳动力雇入家庭从集体承包的土地较多，农地租入较多，农地租出较少。图 4 -1 显示了农业雇工行为和实际利用土地面积之间更细致的关系：在实际使用的土地面积大于 8 亩

时，雇入劳动力农户的分布较多；在实际使用土地面积不足 8 亩时，雇出劳动力农户的分布较多。这说明农户农业雇工行为和农户实际经营的土地数量之间的确存在密切关系。

表 4-4 农业劳动力雇出（入）农户土地相关特征的统计描述（平均值）

时间	2014 年				2018 年			
变量	雇出农户	雇入农户	其他农户	全部农户	雇出农户	雇入农户	其他农户	全部农户
农地禀赋与流转	—	—	—	—	—	—	—	—
landinarea（亩）	0.411	2.048	0.317	0.563	0.396	1.406	0.308	0.481
landoutarea（亩）	0.273	0.166	0.101	0.115	0.296	0.175	0.174	0.183
landendow（亩）	7.592	10.432	10.973	10.678	8.439	10.041	10.998	10.755
样本量（个）	192	446	2487	3092	229	511	2392	3092

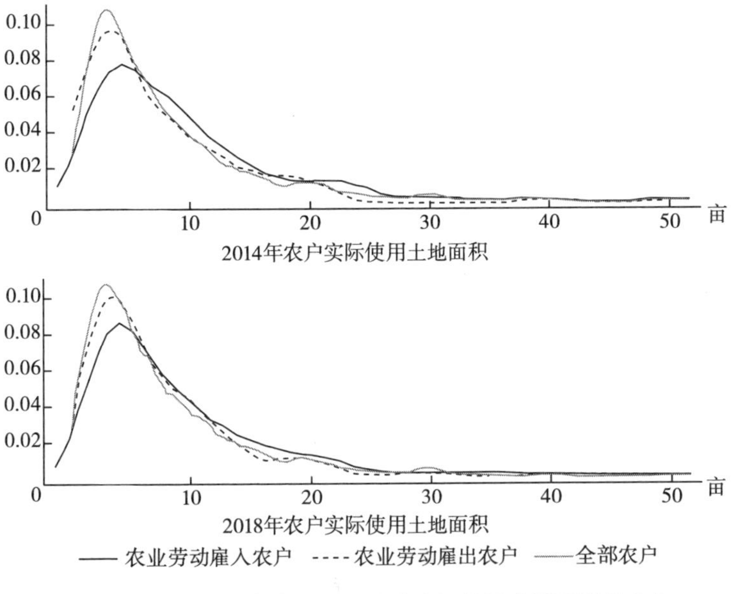

图 4-1 农业劳动力雇出（入）家庭实际使用土地面积的分布

注：为了便于比较分析，本图未展现实际使用土地面积大于 50 亩的样本的分布。

4.6 计量检验结果

4.6.1 农户农地禀赋与流转对农业劳动力雇出（供给）的影响

此部分根据式（4-11）考察农户的农业雇工供给行为。由于较多的农户家庭没有农业劳动力雇出行为，我们采用 Tobit 模型对式(4-11)进行计量检验，结果如表4-5所示，表中第（1）列为混合回归模型检验的结果，表中第（2）列为面板随机效应模型的检验结果(Hausman 检验结果显示，随机效应模型显著优于固定效应模型)[①]。二者的结论基本一致。由于后者有助于克服同一个体不同时期扰动项的相关性，结论更为可靠，后文的分析主要基于随机效应模型。

集体分配土地对农业劳动力雇出行为无显著负向影响，与假说1不一致，说明农户农业劳动力雇出行为与其农地禀赋无关。租出土地面积对家庭农业劳动力雇出具有显著的正向影响，与假说2一致。这说明随着我国农地流转规模的扩大，部分农户可能把土地流转给各种类型的规模化新型农业经营主体，然后通过雇出农业劳动力（通常雇主就是前述新型农业经营主体）获取稳定的工资收入。租入土地面积对家庭农业劳动力雇出具有显著的负向影响，与假说2一致。从边际效应来看，每出租1亩土地，家庭从事农业雇工的劳动者增加0.020个，可以折合为约4个工，明显低于平均的单位土地劳动投入所反映的租出单位土地释放出的劳动力[②]，经济显著性较低，与假说2一致。这可能是因为农户租出土地后的剩余劳动力可能转向非农工作，也说明农户可能找不到

① 为了更好地考察经济显著性，表4-5及后文的表4-6、表4-7中同时报告了边际效应。

② 考虑到农业雇工往往是兼业，这里按每个从事农业雇工的农业劳动者每年提供200天的雇工劳动(实际上可能更低)将劳动力折算为工。根据黄宗智的研究，我国目前以粮食为主的农地的年劳动投入量约为每亩11个工。如果考虑经济作物的劳动投入更高，我国单位土地投入的劳动量会更高。参见：黄宗智．资本主义农业还是现代小农经济？中国克服“三农”问题的发展道路[J]．开放时代，2021，297(3)：32-46.

足够的从事农业雇工的机会①。每租入 1 亩土地，家庭中从事农业雇工的劳动者减少 0.005 个（折合 1 个工），经济显著性很低，与假说 2 一致。这可能是因为在市场不完善和有较多非农就业机会的背景下，大多数农户原本农业劳动力雇出行为较少（见表 4-1），所以租入土地不会导致劳动力雇出明显减少。

表 4-5 农户农地特征对农业劳动力雇出量的影响

被解释变量：*Fhireout*	(1)		(2)	
	混合 Tobit 回归		面板 Tobit 回归：随机效应	
	回归系数	边际效应	回归系数	边际效应
农地禀赋与流转				
landoutarea	0.109*** (0.041)	0.016*** (0.006)	0.106*** (0.042)	0.020*** (0.006)
landinarea	-0.033* (0.017)	-0.005* (0.003)	-0.032* (0.027)	-0.005* (0.002)
landendow	-0.005 (0.004)	-0.0008 (0.0006)	-0.005 (0.004)	-0.0007 (0.0007)
家庭人口学特征				
floweduratio	0.113 (0.202)	0.017 (0.030)	0.133 (0.218)	0.019 (0.030)
funhealratio	-0.371 (0.232)	-0.055 (0.034)	-0.389* (0.233)	-0.057* (0.033)
*fage*1630	—	—	—	—
*fage*3050	0.238** (0.102)	0.035** (0.015)	0.237** (0.101)	0.035** (0.016)
*fage*5070	0.105 (0.104)	0.015 (0.015)	0.105 (0.104)	0.016 (0.017)

① 每租出 1 亩土地会导致非农劳动者增加 0.0159 个（考虑篇幅文中未显示，如有需要可以向笔者索取），按每年 200 个工作日折合大约 3.2 个工，按每年 300 个工作日折合大约 4.8 个工。租出每亩土地所导致的农业与非农劳动力的雇出总量最多为 8.8 个工，仍然少于每亩土地所释放出的劳动力（11 个工），这说明非农劳动力市场和农业劳动力市场都存在不完善性。

续表

被解释变量：*Fhireout*	(1)		(2)	
	混合 Tobit 回归		面板 Tobit 回归：随机效应	
	回归系数	边际效应	回归系数	边际效应
*fage*70	-0.285* (0.169)	-0.042* (0.025)	-0.283 (0.163)	-0.042 (0.027)
fchildren	-0.362*** (0.098)	-0.053*** (0.014)	-0.355*** (0.100)	-0.052*** (0.015)
fwomen	-0.239** (0.119)	-0.035** (0.017)	-0.241** (0.123)	-0.036** (0.017)
familysize	0.315*** (0.091)	0.046*** (0.013)	0.315*** (0.093)	0.046*** (0.015)
村庄及家庭特征	控制	控制	控制	控制
地区	控制	控制	控制	控制
年份	控制	控制	控制	控制
Prob > chi2	0.000		0.000	
样本量	6184		6184	

注：括号中的值为自抽样标准误，自抽样重复抽样次数为 200 次；表中的边际效应为均值处的边际效应；*、**、*** 分别表示在 10%、5%、1% 的水平上显著。

4.6.2 农户农地禀赋与流转对农业劳动力雇入（需求）的影响

此部分根据式（4－12）考察农户的农业雇工需求行为。由于大量农户家庭的农业劳动力雇入量为 0，故用 Tobit 模型对式（4－12）进行回归检验，结果如表 4－6 所示，表中第（1）列为混合回归模型的检验结果，表中第（2）列为面板随机效应模型的检验结果（Hausman 检验结果显示，随机效应模型显著优于固定效应模型），二者结论基本一致。下文主要依据后者进行分析。

农户从村集体承包的土地对农业劳动力雇入没有显著影响，与假说 1 不一致，说明农户的农业劳动力雇入和土地禀赋无关。租入土地面积对农户农业劳动力雇入的影响显著为正，与假说 2 一致，说明农业劳动力雇入行为主要是基于农地流转和相应的农地经营规模扩大而产生的。

从边际效应来看，租入土地每增加1亩，年农业雇工量增加约0.570个工(人×日)，经济显著性很低，与假说2一致。这可能反映了租入土地扩大经营规模的农户可以用机械来替代人工，但是由于已经控制了农业机械的拥有量和租入量，经济显著性低在很大程度上反映了扩大耕种面积的农户在雇入足够多的劳动力方面所面临的困难①。租出土地面积对农业劳动力雇入量影响为负，统计上不显著，与假说2不一致。这主要是因为我国多数农户原本农地禀赋较少，较少有农业劳动力雇入行为，所以租出土地不会对劳动力雇入行为产生显著的负向影响。

表4-6 农户农地特征对农业劳动力雇入量的影响

被解释变量：*Fhirein*	(1)		(2)	
	混合 Tobit 回归		面板 Tobit 回归：随机效应	
	回归系数	边际效应	回归系数	边际效应
农地禀赋与流转				
landoutarea	-0.381 (1.358)	-0.072 (0.256)	-0.756 (1.573)	-0.143 (0.297)
landinarea	3.276*** (0.906)	0.618*** (0.171)	2.878*** (0.981)	0.570*** (0.186)
landendow	0.007 (0.027)	0.001 (0.005)	0.011 (0.052)	0.002 (0.010)
家庭人口学特征				
floweduratio	-17.01*** (5.677)	-3.212*** (1.069)	-15.082** (6.335)	-2.852** (1.197)
funhealratio	6.083 (5.858)	1.148 (1.105)	2.074 (6.136)	0.392 (1.16)
*fage*1630	—	—	—	—
*fage*3050	1.377 (2.822)	0.260 (0.533)	0.460 (3.024)	0.087 (0.571)

① 实地调查发现，多地农业大户的确存在用工困难（“用工荒”）的问题。

续表

被解释变量：*Fhirein*	(1)		(2)	
	混合 Tobit 回归		面板 Tobit 回归：随机效应	
	回归系数	边际效应	回归系数	边际效应
*fage*5070	2.100 (2.950)	0.397 (0.557)	1.030 (3.010)	0.195 (0.569)
*fage*70	-1.734 (3.973)	-0.327 (0.750)	-1.919 (3.985)	-0.363 (0.753)
fchildren	-2.597 (3.295)	-0.490 (0.622)	-3.215 (3.726)	-0.608 (0.704)
fwomen	4.943 (3.342)	0.933 (0.631)	5.664* (3.360)	1.071* (0.637)
familysize	0.143 (2.981)	0.027 (0.563)	0.972 (3.349)	0.184 (0.633)
村庄及家庭特征	控制	控制	控制	控制
地区	控制	控制	控制	控制
年份	控制	控制	控制	控制
Prob > chi2	0.008		0.000	
样本量	6184		6184	

注：括号中的值为自抽样标准误，自抽样重复抽样次数为 200 次；表中的边际效应为均值处的边际效应；*、**、*** 分别表示在 10%、5%、1% 的水平上显著。

4.6.3 内生性问题及稳健性检验

本章的主要解释变量是农户的农地特征。农户从集体分配的承包地显然是外生变量。我国农地流转受到集体产权性质的限制，加之土地流转契约的期限通常为 3 年以上，相对于事实上多数只有临时契约①的农业雇工行为而言，具有明显的外生性特征。但是，至少在理论上不能完全排除可能会出现因为有了从事农业雇工劳动的机会而流转出土地的情形。因此，我们在式（4 - 11）和式（4 - 12）中将农地流转变量置换为滞后一期（2 年）的农地流转变量，以消除可能存在的内生性问题。

① 实践中农业劳动力雇用契约大多数是非正式的，通常按天计算雇用期限。

回归检验结果如表4－7所示，上述结论依然成立[①]。

表4－7　滞后的农地特征对农业劳动力雇入（雇出）的影响

解释变量	（1）被解释变量：*Fhireout*		（2）被解释变量：*Fhirein*	
	面板Tobit回归：随机效应		面板Tobit回归：随机效应	
	回归系数	边际效应	回归系数	边际效应
landoutarea（滞后1期）	0.090* (0.052)	0.013* (0.008)	－2.892 (2.002)	－0.548 (0.379)
landinarea（滞后1期）	－0.055* (0.033)	－0.008* (0.005)	2.019* (1.164)	0.383* (0.220)
landendow	－0.005 (0.006)	－0.001 (0.001)	0.008 (0.046)	0.001 (0.006)
样本量	6184		6184	

注：括号中的值为自抽样标准误，自抽样重复抽样次数为200次；表中的边际效应为均值处的边际效应；*表示在10%的水平上显著。

表4－5、表4－6分别展示了混合Tobit回归和随机效应面板Tobit回归的结果，其结果一致，初步验证了估计结果的稳健性。进一步，我们剔除实际使用土地面积最大和最小的10%的样本进行回归检验，以避免少数极端值对回归结果带来的扭曲，结果如表4－8所示，该结果与前述结果一致。而且，考虑到农业劳动力供给可能与个人因素有关，我们从个人层面考察了农地流转和农业雇工供给行为的关系，结果如表4－9所示，与前述家庭层面检验的结果基本一致[②]。

表4－8　农户农地特征对农业劳动力雇入（雇出）的影响（剔除前后10%样本）

解释变量	（1）被解释变量：*Fhireout*		（2）被解释变量：*Fhirein*	
	面板Tobit回归：随机效应		面板Tobit回归：随机效应	
	回归系数	边际效应	回归系数	边际效应
landoutarea	0.178*** (0.064)	0.027*** (0.009)	－0.496* (0.254)	－0.099* (0.050)

① 边际效应变小了，这是滞后的农地流转变量对农业劳动力市场影响较小的自然结果。

② 土地禀赋的影响变得显著了，但边际效应很小。

续表

解释变量	(1) 被解释变量：*Fhireout*		(2) 被解释变量：*Fhirein*	
	面板 Tobit 回归：随机效应		面板 Tobit 回归：随机效应	
	回归系数	边际效应	回归系数	边际效应
landinarea	0.049 (0.043)	0.007 (0.006)	1.119*** (0.144)	0.222*** (0.028)
landendow	0.001 (0.016)	0.000 2 (0.002)	1.453 (1.044)	0.276 (0.188)
样本量	4943		4943	

注：括号中的值为自抽样标准误，自抽样重复抽样次数为 200 次；表中的边际效应为均值处的边际效应；*、*** 分别表示在 10%、1% 的水平上显著。

表 4-9　农地特征对个人层面农业雇工供给的影响

被解释变量：*Ihireout*	(1)		(2)	
	混合 Logit 回归		面板 Logit 回归：随机效应	
	回归系数	边际效应	回归系数	边际效应
土地资源				
landoutarea	0.097* (0.051)	0.003* (0.001)	0.092* (0.056)	0.002* (0.001)
landinarea	-0.026 (0.021)	-0.0007 (0.0006)	-0.027 (0.022)	-0.0007 (0.0006)
landendow	-0.008** (0.004)	-0.0002** (0.0001)	-0.009** (0.004)	-0.0002** (0.0001)
样本量	11308		11308	

注：括号中的值为村级聚类标准误；*、** 分别表示在 10%、5% 的水平上显著。

4.6.4　地区差异分析

考虑到中国各个地区经济发展程度的较大差异，我们以各地人均 GDP 的平均值为界将所有样本分为经济发达地区组和经济欠发达地区组①，分组以后的回归结果如表 4-10 所示。分组回归的结果显示：

① 经济发达地区包括北京市、天津市、上海市、江苏省、浙江省、福建省、山东省、湖北省、广东省、重庆市，经济欠发达地区包括河北省、山西省、辽宁省、吉林省、黑龙江省、安徽省、江西省、河南省、湖南省、广西壮族自治区、四川省、贵州省、云南省、陕西省、甘肃省。

从供给的角度来看，经济欠发达地区的农户更可能将土地流转出去而从事农业雇工劳动。农户在仍然从事农业劳动（缺乏非农就业机会）的情况下流转出土地，说明部分农户流转出土地的原因不是要向非农产业转移劳动力，而是小农户本身的家庭农业经营在面对复杂多变的大市场时存在经营能力不足、效率低下等困难①。当然，经济发达地区的小农户实际上也存在类似的困难，但是由于非农就业机会较多，小农户在流转出土地时更可能到非农产业打工，所以并未发现流转出土地和农业雇工之间的显著关系。这意味着在农村地区发展新型农业经营主体，实施适当的规模经营是必要的和可行的。从需求的角度来看，同样面积的农地流转在经济发达地区会带来更多的农业劳动力雇用，这反映了经济发达地区农业劳动力市场更加完善，当然也可能和经济发达地区土地经营的集约化程度更高的事实有关。

表 4-10 不同地区的农地流转对农业劳动力雇入量（雇出量）的影响

PANEL A 被解释变量：*Fhireout*				
解释变量	（1）经济发达地区		（2）经济欠发达地区	
	回归系数	边际效应	回归系数	边际效应
landoutarea	0.052 (0.124)	0.008 (0.021)	0.116** (0.054)	0.017** (0.007)
landinarea	0.097 (0.099)	0.014 (0.025)	-0.040** (0.020)	-0.006** (0.003)
landendow	0.001 (0.012)	0.0001 (0.002)	-0.005 (0.006)	-0.001 (0.001)
PANEL B 被解释变量：*Fhireout*				
解释变量	（3）经济发达地区		（4）经济欠发达地区	
	回归系数	边际效应	回归系数	边际效应
landoutarea	-8.877 (17.683)	-1.475 (2.877)	-0.396 (1.607)	-0.076 (0.311)

① 笔者在经济欠发达地区的实地调查中发现，部分小农户已经难以把握复杂的大市场，他们更希望实现土地规模化经营，而自己作为劳动者获取稳定的工资收入。

续表

PANEL B 被解释变量：*Fhireout*				
解释变量	（3）经济发达地区		（4）经济欠发达地区	
	回归系数	边际效应	回归系数	边际效应
landinarea	4.717 * (2.437)	0.784 * (0.395)	2.876 *** (1.055)	0.556 *** (0.203)
landendow	0.123 (0.373)	0.020 (0.061)	0.001 (0.070)	0.0003 (0.014)
样本量	1167		5017	

注：括号中的值为自抽样标准误，自抽样重复抽样次数为 200 次；表中的边际效应为均值处的边际效应；*、**、*** 分别表示在 10%、5%、1% 的水平上显著。

4.7 结论与政策建议

本章以农业家庭模型为理论基础，运用中国家庭追踪调查 2014 年和 2018 年的数据，从理论与经验角度分析了市场不完善条件下农地流转对农户农业劳动力供求（雇出与雇入）行为的影响，主要得到如下结论。第一，农地禀赋对农户农业劳动力供求行为没有显著影响，但农地市场流转对农户农业劳动力供求行为有显著影响。租出土地对农业劳动力雇出具有显著的正向影响，租入土地对农业劳动力雇入有显著的正向影响。这说明我国农业劳动力市场的形成与农地禀赋已经没有直接关联，而是主要取决于农地流转；而且，农业劳动力的配置方向与农地的配置方向一致。这说明农户农业雇工行为在较大程度上是为适应农地流转和农地规模化经营的需要而产生的。第二，农地流转影响农户农业劳动力供求的经济显著性偏小。租出土地导致的农业劳动力雇出较少，租入土地导致的农业劳动力雇入较少。这说明农业劳动力还不能充分地随着农地流转而合理配置，劳动力的过剩与短缺并存。这可能和我国农业劳动力市场较为明显的分割性有关，即由于受到交通、信息、技能等因素的限制，农业劳动力的流动范围通常限于区域性市场上（多为邻近几个村庄），导致农业劳动力无法充分流动而实现合理配置。第三，经济欠发达地区部分农户选择流转出承包土地而从事农业雇工，说明小农户在面对复杂的大市场时出现了经营困难，这显示了我国培育新型农业经营主体的必要性和可能性。

以上结论说明，我国农业劳动力市场已经能够在一定程度上满足农地规模化经营的需要，对于实现农业生产要素的合理配置和促进新型农业经营主体的形成具有积极作用。为了实现农业劳动力资源的合理配置，满足实现适度规模经济和培育新型农业经营主体的需要，可以采取如下政策措施促进农业劳动力市场的完善。

第一，建立信息平台、成立中介组织，促进农业劳动力配置范围的扩大。我国农业劳动力市场目前还具有显著的分割性特征，政府应鼓励建立跨区域的农业劳动力信息平台或者中介机构，拓宽农户获取（发布）农业劳动力雇出和雇入的信息渠道，在更大范围内实现农业劳动力的合理配置。

第二，制定相关法律规范，规范农业劳动力市场。我国的农业劳动力市场是民间自发形成的，在客观上促进了农村劳动力资源的合理配置，但实践中供求双方之间也出现了一些摩擦和纠纷。与非农业劳动力市场相比，农业劳动力市场有其特殊性，可以考虑制定相关法规，鼓励形成正式契约，减少供求双方的机会主义行为，对农业劳动者的合法权益进行保护，从而促进规范健康的农业劳动力市场的形成。

第三，鼓励发展新型农业经营主体，实现农村劳动力的合理分工。在土地集体所有和农户拥有承包权的基础上，应该鼓励经营能力较强的农户通过土地经营权流转扩大经营规模，转化为新型农业经营主体；并且，鼓励这些新型农业经营主体以平等自愿为基础，吸纳无法适应复杂农产品市场并且不适宜进入非农产业的农业劳动者从事农业劳动。这样有利于农村劳动者发挥各自的比较优势，实现农村劳动力资源的合理配置，实现农村的共同富裕。

5 中国农业劳动力市场调查报告

摘　要：本章是对陕西和浙江农业劳动力市场进行实地调查的报告。上篇是陕西省西安市周至县和宝鸡市凤翔区的农业劳动力市场的调查报告，下篇是浙江省温州市和金华市农业劳动力市场的调查报告。调查报告从农业生产格局、供求双方特征、搜寻方式、农业劳动力价格等角度对经济欠发达地区和经济发达地区中国农业劳动力市场进行了总结和描述。结果发现，两个地区的农业劳动力市场在市场价格、供求双方特征、市场范围等方面有显著不同；共同之处在于，由于农村土地社会主义集体所有制和熟人社会的特征，供求双方地位平等，社会关系和谐。

上篇　经济欠发达地区农业劳动力市场调查报告

为了深入、细致地了解我国经济欠发达地区农业劳动力市场的发展现状，课题组分别于 2021 年 10 月中旬和 2022 年 3 月上旬对位于陕西省关中地区的西安市周至县和宝鸡市凤翔区的农业劳动力市场进行了以问卷为基础的调查。基于调查结果，报告从五个部分总结了经济欠发达地区农业劳动力市场的发展现状：第一部分介绍关中地区农业生产的基本格局；第二部分对农业劳动力供求双方的基本特征进行阐述；第三部分从农业雇工的价格、搜寻和市场摩擦三个方面说明农业劳动力市场的运作；第四部分介绍农业劳动力供求双方的社会关系；第五部分为结论与政策建议。

5.1 农业生产的基本格局：少数大农户与大量普通农户并存

关中地区横跨陕西省中部，平原面积广阔，自然条件良好，是陕西省重要的粮食产区，同时各地依托自身独特的自然地理条件种植了多样化的特色农产品。为了了解关中地区农业劳动力市场的发展状况，课题组在西安市周至县和宝鸡市凤翔区进行了实地调查。周至县是西安市的“西大门”，地处关中平原中部，南依秦岭、北濒渭河，自然环境优越，素有“金周至”的美誉。因为属于西安市的水源保护地，所以该县的非农产业规模非常小。依山傍水的地理位置和四季分明的温带气候给周至带来了有利的农业生产条件。周至县的农产品种类众多且产量丰硕，每年可产出粮食10余万吨、蔬菜20余万吨、猕猴桃50余万吨，还有充满发展潜力的苗木产业。从种植区域来看，猕猴桃种植区广泛分布于秦岭北麓的平原地带，粮食、蔬菜和苗木种植区主要分布于渭河沿岸各乡镇。凤翔区属于宝鸡市辖区，位于关中平原西部，地形多样，整体呈现“北山南塬”的结构分布。虽然以第二、第三产业为经济支柱，但凤翔区的农业生产规模较大。凤翔区2021年的粮食和蔬菜产量分别达到29.18万吨和28.5万吨。苹果和红薯是凤翔区主推的特色农产品，其种植规模较大，苹果主要种植于北部的山区和平原，红薯种植于东南部的平原地带①。

根据两个县区农业发展的特点，课题组有针对性地在周至县选择以种植猕猴桃为主的楼观镇和以种植苗木为主的哑柏镇，在凤翔区选择以种植苹果为主的范家寨镇，以种植小麦和红薯为主的虢王镇，以及被划入经济开发区的长青镇罗钵寺村进行调查。被调查村庄的基本情况如

① 数据来源于课题组对当地政府的访谈调查。

表5-1所示。

表5-1　被调查村庄的基本情况

村庄名称	所属县区	主要作物	亩均产值（元）	耕地面积（亩）	雇入家庭（户）	雇出家庭（户）	雇工费用（元/工）
三家庄村	周至县	猕猴桃	约6000	约1900	约200	约70	80~150
焦镇村	周至县	猕猴桃	5000~20000	6028	约1000	约450	80~130
裕盛村	周至县	苗木	8000~10000	约2500	约800	40~50	90~130
五联村	周至县	苗木	6000~8000	约2900	60~80	200~300	80~180
张家沟村	凤翔区	苹果	2000~10000	7430	50~70	约400	60~150
湫池庙村	凤翔区	苹果	约3000	约8200	约300	约150	80~120
九家庄村	凤翔区	小麦、红薯	4000~6000	2770	20~30	约100	70~100
江湖村	凤翔区	小麦、红薯	5000~6000	6693	30~50	约200	70~100
罗钵寺村	凤翔区	小麦、玉米	1500~1600	2800	80	50	50~60

注：①1个劳动者1天的劳动为一个“工”。

②焦镇村曾经是独立的乡镇，本身人口较多且近年来集体经济发展水平较高、劳动力市场相对完善，所以参与农业雇工活动的家庭数量较多。

由于农业生产条件较好，非农产业相对落后，关中地区的农业以农户经营承包土地为主要方式，只有少数常年在外从事非农活动的家庭才会将土地转租给其他农户。新型农业经营主体数量较少且规模不大，农业大户的种植面积基本处于20~40亩，特别大规模的种植户很少。总体上，关中地区的农业呈现出少数经营土地面积相对较大的农户和多数普通农户并存的格局。

在调查的所有村庄中，裕盛村和罗钵寺村的情况较为特殊。由于地处渭河之滨，裕盛村的土壤和水源条件适合发展苗木产业，尤为重要的是，该村距离杨凌农业高新技术产业示范区仅一河之隔且有省道大桥相通，发展苗木产业具有独特的地理位置优势。改革开放以来，苗木产业逐渐成为该村的主导产业，该村以此为基础形成了大规模的苗木交易市场，因此，该村村民在苗木产业的技能和信息方面具有显著优势。除了充分利用本村土地外，部分经营能力强的农户会到周边地区（武功县、扶风县）大面积租地种植苗木，从而形成了数量较多的农业大户；其余多数农户则以经营本村家庭承包土地为主。基于此，该村形成了较多农业大户和较多普通农户并存的农业经营格局。

罗钵寺村在行政区划上隶属凤翔区，同时在经济上被划入宝鸡市凤翔高新技术产业开发区。目前，罗钵寺村周围有十几家企业，其中包括大唐宝鸡第二发电公司、陕西长青能源化工有限公司和东岭集团等大型企业；宝麟铁路和高速公路经过此地，部分家庭的土地被征用为企业建设用地或交通建设用地。上述企业为该地区提供了大量的工作岗位，青壮年村民大多进入企业从事非农工作，也有一些村民在开发区成立公司从事非农经营，从事农业活动的主要是55岁以上的中老年人。在此背景下，村委会牵头成立农业合作社，流转了400余户家庭的1000多亩土地，种植小麦、玉米、大葱和花椒等作物。农户家庭只留下较少的土地种植小麦和玉米，种植面积最大的农户也不超过15亩，多数在5亩左右。全村实施机械化种植和收割，每家每年平均只需要花费十几天的时间从事农业生产。

不同作物种植区的农业劳动力数量差异较大。以种植小麦和玉米为主的乡镇常年从事农业生产的劳动力较少。其原因在于，种植小麦和玉米收益较低，也便于机械化作业，所需的劳动投入较少，当地的劳动力大多外出从事非农打工，只在作物的播种和收割期回家从事农业生产。以种植特色农产品为主的地区从事农业生产的劳动力较多，其原因在于，特色农产品收益较高，且机械化作业较为困难，所需的劳动投入量较大。

不同作物种植区的劳动力结构不同。猕猴桃种植业是周至县的传统产业，有广阔的种植面积和数量庞大的从业人口，周至县开发出了多个特色品种，且形成了相对完整的产业链。然而，猕猴桃产业的劳动力近年来有明显的老龄化和女性化趋势，其原因在于，猕猴桃种植业主要以规模较小的家庭承包土地为基础，收益增加潜力有限，青壮年劳动力大多外出寻找非农工作。相同的情况也发生在凤翔的苹果和红薯产地，由于外出从事非农工作的青壮年数量不断增加，留在本村从事农业生产经营的劳动力以55岁以上的中老年人为主；部分家庭常年在城市居住，将苹果地或红薯地改种为时间和劳动投入较少的小麦或玉米，甚至放弃农业活动将自家的土地转包给其他农户或流转给专业合作社。相比之下，周至县的苗木产业收益较为丰厚，不仅可以留住本村的青壮年劳动力，还吸引了外出务工人员回流，甚至吸引了一些大学毕业生回乡创业。

5.2 农业劳动力市场供求双方基本特征

5.2.1 农业劳动力需求方的主要特征

农业劳动力需求方通常经营土地面积较大，户主受教育程度更高，更加具有企业家精神（参见图5－1）。需求方实际上可以分为两类：第一类是种植面积较大的农户，第二类是家庭劳动力短缺的农户。第一类农户通常在家庭承包土地的基础上租入了一些土地，经营土地的总面积在10亩以上，最高接近200亩[①]；这些农户的大部分家庭成员以务农为主业，自家平均有接近3个劳动者全年从事家庭务农，同时再雇用一些临时性的短工来务农，每年雇用的劳动量在200～2500个“工”，相应的雇工花费为2万～30万元[②]；此类农户户主年龄通常在45～60岁，受教育程度各异，高中以上水平居多；这些人的健康状况高于同龄人的平均水平，经营能力强、敢于冒险；有一部分人在经营农场的同时做着非农生意，或在本村村委会任职。第二类农户的经营土地以家庭承包土地为主，经营面积大多不超过10亩，且没有扩大经营面积；由于此类

① 每亩土地的租金为每年300～1500元，周至县的地价整体高于凤翔区，主要公路两侧等地理位置较好的土地价格更高。

② 雇用劳动量及其花费因作物种类和土地面积而异，粮食作物雇用劳动力较少且价格较低，经济作物雇用劳动力较多且价格较高。

家庭的青壮年劳动力大多在外务工，有的正在接受高等教育或者已经完成高等教育而拥有城市户籍，所以务农的家庭劳动力较少，通常仅有1～2人，并且以50～65岁的中老年人为主；此类农户雇工量在30～100个“工”，雇工花费为0.3万～2.0万元。此外，猕猴桃和苹果的育种、套袋以及苗木的修剪等环节均需要具备相应技能的劳动力来完成，所以这些作物产区无论规模大小，都需要雇用一定数量且拥有专门技术的农业劳动力。

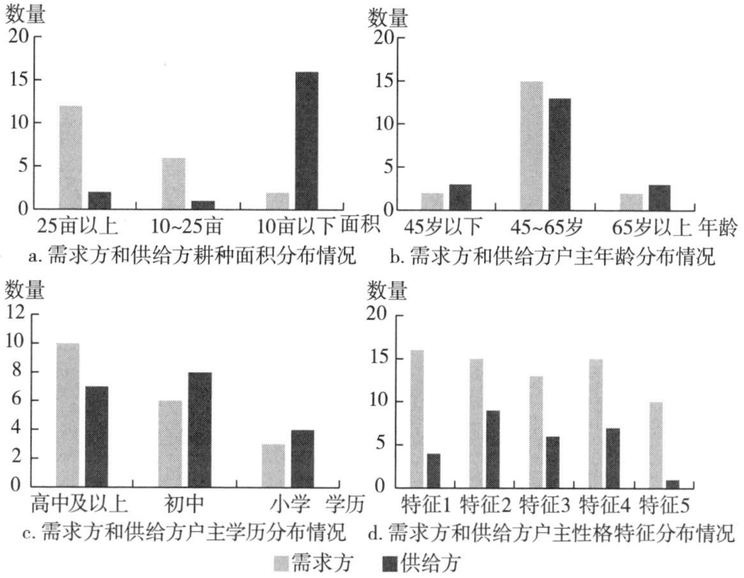

图5－1　需求方和供给方特征分布情况及对比

注：五个性格特征分别为：特征1，是否善于发现经营机会；特征2，是否喜欢与人合作；特征3，做事是否有长远计划；特征4，是否敢于尝试新方法、新产品；特征5，是否敢于借钱发展生产。问卷中选择“符合”则具有此性格特征，选择“不太符合”或“不符合”则表示不具有此性格特征。

罗钵寺村的情况比较特殊，其主要的农业劳动力需求方是村委会牵头成立的经济合作社，村委会将土地流转过来以后，再雇用少量本村村民从事农业生产，但主要的农业生产活动是通过租赁农机服务来实现的。合作社的业务包括农作物种植、收割和销售等活动，日常事务由理事会来运作；村委会干部为理事会成员，村支部书记担任理事长；合作社每年可将利润的20%用于理事分红，其余利润用于对参与合作社的村民分红。

农业劳动力的需求方可能会用机械替代人工劳动，这一点在大农户身上表现得尤为明显。大农户更多地用农机替代劳动力的原因有两点。第一，本地农业劳动力市场规模有限，难以满足农业大户的需求。课题组所调查乡镇本地农业劳动力的数量总体略显供不应求，而农业大户雇用外地的工人需要负担中介费以及工人的交通和食宿等费用，成本较高。第二，农业大户的经营规模较大，本身适合用农机耕作。既有农户自购农业机械，也有通过市场购入的机械作业服务。农户通常自购小型和常用的农机，而从市场购入大型农机和偶尔使用农机的作业服务。受访的第一类需求方农户由于种植面积普遍较大，都购买了一些农机，价值在1000～120000元不等，同时每年会花费1000～55000元购入农机作业服务；第二类需求方农户很少自购农机，大多通过租用农机来满足需求，每年的花费约为1000元。调查对象中农业劳动力需求方的基本情况如表5－2所示。

表5－2　农业劳动力需求方的基本特征

农户	所属村庄	耕种面积（亩）	年龄（岁）	学历	雇工数量（工）	雇工花费（元）	自有农机价值（元）	农机作业购入支出（元）
需求方1	三家庄村	47	51	高中	约300	约30000	约6000	约10000
需求方2	三家庄村	6	40	大专	38	约4000	约15000	0
需求方3	焦镇村	29	54	初中	100～150	约13000	约25000	约2000
需求方4	焦镇村	30	48	初中	约350	约36000	约100000	3000～5000
需求方5	裕盛村	193	56	小学	约2500	约300000	约100000	约50000
需求方6	裕盛村	84	67	高中	约800	约75000	约75000	约55000
需求方7	五联村	19.5	50	小学	约1280	约130000	约31000	约6000
需求方8	五联村	10	56	高中	约1000	约80000	约25000	约15000
需求方9	张家沟村	28	51	高中	约500	约60000	约4300	约1500

续表

农户	所属村庄	耕种面积（亩）	年龄（岁）	学历	雇工数量（工）	雇工花费（元）	自有农机价值（元）	农机作业购入支出（元）
需求方 10	张家沟村	20	68	初中	约 400	约 45000	约 30000	0
需求方 11	湫池庙村	10.5	51	初中	约 200	约 25000	0	约 1000
需求方 12	湫池庙村	25	56	高中	约 400	约 50000	约 10000	0
需求方 13	九家庄村	88.3	36	中专	40	约 3000	1200	约 22000
需求方 14	九家庄村	113.1	47	高中	约 500	约 40000	约 20000	约 10000
需求方 15	江湖村	44	57	初中	约 600	约 50000	约 120000	0
需求方 16	江湖村	56	48	初中	约 900	约 80000	约 80000	约 15000
需求方 17	罗钵寺村	14	45	高中	—	约 1600	0	0
需求方 18	罗钵寺村	1.7	47	大专	—	约 200	0	0
需求方 19	罗钵寺村	8	62	小学	—	约 500	0	0
需求方 20	罗钵寺村	800	—	—	约 400	约 40000	0	约 45000

注：①需求方 2 家中只有父母从事农业生产，劳动力不足，需雇用工人来缓解压力。

②需求方 13 大面积种植小麦和玉米，机械化程度高，雇用劳动力规模较小。

③需求方 20 为村委会牵头的经济合作社。

5.2.2 农业劳动力供给方的主要特征

农业劳动力供给方在不同产业中既有共性，也有各自的特点。其共性体现在四个方面（见图 5 - 1）。第一，农业打工者以 45 ~ 65 岁的中老年人为主，个别家庭有 45 岁以下的青壮年和 65 岁以上的老人参与。第二，从事农业打工的劳动者普遍文化程度较低，以初中和小学学历为主，通常不具备特别的劳动技能，找不到合适的非农工作。第三，供给方家庭通常有老人和学生需要供养，家庭经济负担较重，所以在兼顾自家农业生产的同时通过农业打工来增加收入。第四，相比需求方，农业劳动力供给方的主事人经营能力较弱，承担风险的意愿较低，认为从事农业打工可以获得稳定收入，比自己从事家庭农业经营更为划算。

不同产业的劳动力供给方有明显差异。周至县的猕猴桃产业和凤翔区的苹果产业的劳动力来自普通农户和经营规模较大农户（以下简称“大农户”）的打工者都比较多，经营土地的面积集中在3～10亩，个别超过30亩；苗木产业的农业打工者则主要来自普通农户，种植面积为3～4亩，大农户基本不会从事农业打工。这种差异的原因在于，苗木产业的规模化农户经营的规模更大，作物品种也更加多元化，并且不存在农闲季，所以没有闲余时间从事农业打工，只有普通农户在兼顾自家生产的同时会为规模化经营的农户打工；而猕猴桃和苹果产业的大农户规模相对较小，不同品种的果子生长季节具有差异性，存在明显的农忙季和农闲季，而且大农户往往拥有一些农机，所以通常在农闲时以提供农机服务的方式从事农业打工。凤翔区虢王镇的情况又有所不同，劳动力供给者主要来自种植小麦和玉米的普通农户，这些农户种植红薯的面积很小或者完全种植小麦和玉米，从而有更多时间专门从事农业打工。调查对象中农业劳动力供给方的基本情况如表5-3所示。

表5-3　农业劳动力供给方的基本特征

农户	所属村庄	学历	耕种面积（亩）	年龄（岁）	每年农业打工量（工）	每年农业打工收入（元）
供给方1	三家庄村	高中	47	50	约120	约12000
供给方2	三家庄村	高中	6	49	约180	约20000
供给方3	焦镇村	高中	3.2	45	约180	约20000
供给方4	焦镇村	初中	30	48	约100	约10000
供给方5	裕盛村	初中	4	48	约300	约35000
供给方6	裕盛村	初中	4	36	60～90	约15000
供给方7	五联村	小学	4.2	46	360～420	约55000
供给方8	五联村	初中	4	51	约60	约10000
供给方9	张家沟村	初中	10	65	约100	约13000
供给方10	张家沟村	高中	4	66	约200	约22000
供给方11	湫池庙村	初中	8	52	约200	约20000
供给方12	湫池庙村	小学	5	51	约80	约10000
供给方13	九家庄村	初中	7	51	约50	约4000

续表

农户	所属村庄	学历	耕种面积（亩）	年龄（岁）	每年农业打工量（工）	每年农业打工收入（元）
供给方 14	九家庄村	初中	4.4	44	约 100	约 7000
供给方 15	江湖村	小学	5.5	70	约 70	约 5000
供给方 16	江湖村	小学	6	68	约 80	约 6000
供给方 17	罗钵寺村	高中	4.1	55	约 220 亩	约 28000
供给方 18	罗钵寺村	高中	4.2	50	约 300 亩	约 35000
供给方 19	罗钵寺村	高中	2.2	34	约 350 亩	约 40000

注：1. 供给方 1 和供给方 4 种植面积较大，同时也是农业劳动力的需求方。
2. 因技术要求，供给方 5、供给方 10、供给方 11 和供给方 12 也是劳动力需求方。

5.3 农业劳动力市场的运作：价格、搜寻与市场摩擦

5.3.1 农业雇工价格

关中地区的农业雇工以散工为主，主要按工时计价，偶尔按件计价，总体工价在每“工”50～180 元（见表 5－1），日工资与本地非农工资水平相近甚至略高。近年来，农业雇工价格整体呈现缓慢上升的趋势，2020 年暴发的新冠疫情也在一定程度上推高了雇工价格。

大体在一个乡镇的范围内，村庄间距离相近、交通便利，种植的农作物基本相同，形成了较为统一的劳动力市场，农业雇工的价格水平几乎没有差别。但也存在特殊情况，例如裕盛村的苗木产业规模大、发展时间长，本村村民的劳动技能更加娴熟，所以苗木产业对本村劳动力的需求量更大，村内的雇工价格高于其他村庄的雇工价格。

农业雇工价格显著受性别、时节和工种等因素的影响。男性的工资普遍高于女性，每“工”高出 40～50 元；农忙时节劳动力往往供不应求，工资明显高于农闲时节工资；技术含量越高的农活工价也越高。一些时间紧迫的重体力劳动会被支付很高的工资，如规定时间内苗木的装车和卸车，通常会支付给每人 400～500 元。

5.3.2 农业雇工的搜寻方式

关中地区的农业劳动力需求方寻找农业打工者的方式有六种，其中前四种是依托于社会网络的传统方式，后两种是农村信息化背景下的新形式。第一种，乡邻介绍。这种方式根植于乡村传统，由来已久，也比较普遍。第二种，本村或邻村的中间人（工头）推荐。这类人普遍具有较广的人脉资源，而且在当地具有一定声望，受到村民的信任，成为需求方和供给方的中介。第三种，劳动力供求双方结成相对稳定的合作关系。一些供求双方合作默契、相互信任，久而久之就会达成相对稳定的合作关系。第四种，自发在固定地点形成的劳动力市场。这种劳动力市场一般在人流量较大的集市或路口形成，劳动力供求双方进行面对面的交易，常常由在本村有一定地位和威望的人维持秩序。第五种，以社交软件为媒介。随着乡村信息化的不断发展，智能手机逐渐普及，近年来村民们也会通过社交软件来寻求合作，主要方式是在微信群聊中直接询问和交流。第六种，政府或自媒体的公开信息平台。周至县和凤翔区都有一些政府和自媒体运营的微信公众号平台，偶尔会发布农业雇工需求的相关信息①。总体而言，农业劳动力搜寻最为重要的途径是乡邻和工头介绍，社交媒体也发挥着越来越重要的作用。

从劳动力需求方的用工偏好看，需求方倾向于雇用本村和邻村的劳动者，其原因在于三个方面。第一，本村和邻村的人互相熟悉和信任，交易费用低；第二，邻近的各村庄主要农作物基本相同，劳动者的劳动技能相似，更加符合雇主的需要；第三，雇主不需要负担交通和食宿费用，雇工综合成本较低。

农业雇工的搜寻难度存在季节性差异，农忙时节大多处于劳动力短

① 例如，周至县的“周至在线”和“今日周至”、凤翔区的“凤翔职业农民”和“凤翔苹果”等微信公众号。

缺状态，农闲时则会有过剩的劳动力。农忙季雇主需要提前与雇工进行联系，达成关于工作时间和工资等事项的口头约定，这一时期打工者每天需要工作较长的时间，也可能在一天内为不同的雇主工作。而在农闲季，劳动者经常会面临想找工作而找不到的情况。

受产业发展状况和地理位置的影响，不同村庄的雇工搜寻难度和劳动力实际供求状况存在差别。焦镇村和裕盛村集体经济发展水平高，留在本村的青壮年数量较多，同时吸引了一些外村的劳动力前来打工，因此雇用工人相对容易，劳动力基本上可以实现供求平衡；而其他村庄集体经济发展水平低，离主要公路（国道、省道）较远，本村有大量的劳动力外出从事非农工作，外来劳动力很少，所以雇工难度较大，农业劳动力整体短缺。

5.3.3 农业劳动力市场的交易成本及其后果

课题组在调查中发现，农业劳动力市场的运作存在显著的市场摩擦，从而产生了较高的交易成本，这种交易成本的存在导致农业生产中存在显著的农地规模—劳动投入反向关系（见图5－2）。大农户少量雇入劳动力的需求在本村内就可以满足，此时雇入劳动力的代价相对较低，主要是劳动工资。但是，随着雇用劳动力数量的增加，地理距离越来越远，熟悉程度也越来越低，这意味着大农户需要在劳动力寻找、谈判达成合约、劳动监督、劳动者往返交通和用餐，以及劳动技能培训等方面付出越来越高的代价，综合代价提高，所以大农户会选择通过减少单位土地劳动投入的方式来降低劳动成本。小农户如果少量雇出劳动力，在本村内就可以找到工作机会，实际收益较高。但是随着雇出劳动力的增加，雇工在劳动机会搜寻、谈判达成合约、交通餐饮、学习新技能方面付出的成本也会相应上升，导致实际收益降低，所以小农户宁愿将剩余的劳动力投入自家的农业生产中，导致单位土地劳动投入偏多。总之，由于交易成本的存在，农地规模越大，单位土地的劳动投入就越少。

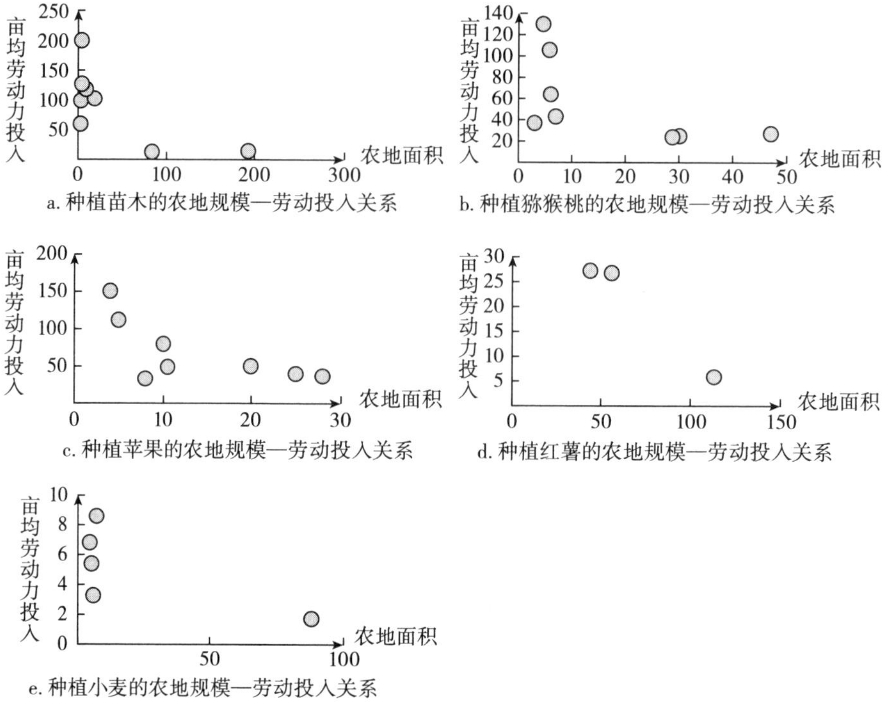

图 5－2　不同作物的农地规模—劳动投入关系

注：①劳动投入的单位为“工”，土地面积的单位为“亩”；

②罗钵寺村的小麦和玉米基本采用机械化耕作，所以没有计算该村的农地—劳动投入关系。

5.4　农业劳动力市场供求双方的社会关系

5.4.1　农业雇工的契约形式

关中地区的农业雇工活动通常不会签订正式合同，劳动力供求双方会达成口头约定，约定的主要内容是工时和工价，以及结算方式。工作量通常以“天”为单位；雇工工资按劳动时间或工作完成数量计算，采取日结的方式，有时也会约定连续工作数天（两三天到十几天不等），在连续工作结束后一次性支付工资。约定中通常会包含交通、餐饮等方面的内容，遵循约定俗成的规则，但不包含对于人身安全等风险的处理方法。这些约定虽然只是口头形式，但是由于乡村社会长期和多重的社会互动，违规者会受到社会舆论的谴责，还是具有较强的约束力。

5.4.2 农业劳动力供求双方关系融洽

农业劳动力供求双方的社会关系总体是和谐的。调查中雇主们都认为，需要与雇工和睦相处，保持客气和礼貌；雇工也认为感受到了来自雇主的尊重。雇主会为雇工提供开水、香烟和药品，经常合作的在逢年过节时还有礼品赠送。对外村或者外县的劳动力，雇主通常还会提供午饭并负责往返交通。

雇主和雇工双方和谐相处的主要原因是：其一，雇工来源以本村和邻村为主，双方处于共同的社会网络，有些雇用双方本身是亲朋好友，彼此比较熟悉；其二，农户都拥有承包土地，农业打工者多数是在经营自家农地的同时兼职农业打工，不存在对雇主的依附关系，双方在人格上是平等的；其三，关中平原多数地区各农户的经营规模差异不大，生产周期和农业技能有所差异，农户之间往往会互相雇用，互为雇主和雇工；其四，农业劳动力总体趋于短缺，农忙时常常“一工难求”，技术劳动者尤甚，这样的市场供求关系也会影响雇主对雇工的态度。

5.4.3 农业劳动力市场的劳动权益保护

整体来看，农业劳动力市场具有零散性和自发性，缺乏对劳动权益保护的必要机制。农业雇用本身是临时和短期的行为，而且在乡村从事农业活动的大多数是中老年人，文化程度普遍较低，法律意识和自我保护意识较弱，所以雇主和雇工之间的契约都是口头约定，不会签订正式合同，自然也不会明确违约处理办法和安全风险处理机制。但是，由于乡村社会密切的社会互动，雇主会受到声誉机制的约束，在劳动权益保护方面不存在明显问题。雇工工资基本都能在工作完成之后及时发放，拖欠工资的现象只是偶尔发生。发生安全事故时，劳动力雇用双方通常根据乡村习惯协商处理。为了防止意外事故所造成的纠纷，雇主会在事前尽量通过雇用健康状况良好的劳动力来降低可能的风险。

5.5 结论与政策建议

综上所述，关中地区农业劳动力市场主要具有以下特征。

第一，供给方与需求方界限相对模糊。由于关中地区农地流转规模较小，实现规模经营的新型农业经营主体相对较少，农业劳动力市场在较大程度上为普通农户互相雇工，供给方和需求方之间的界限相对模糊。

第二，农业雇工价格水平较低，差异性显著。由于关中平原农村地区的非农产业规模较小，尚有较大规模的农业劳动力从事农业生产，农业雇工价格总体偏低；并且，由于各地农业收益差距显著，各地农业雇工价格也表现出较为明显的差异性。

第三，农业劳动力供求双方的互相搜寻主要是通过社会网络进行。这种方式有助于消除信息不对称性，但也容易导致劳动力流动范围受到限制。

第四，农业劳动力市场存在显著的交易成本。农业劳动力供求双方参与劳动力市场均要付出较为显著的交易成本，并且雇入（雇出）规模越大，交易成本越高。这种交易成本的存在导致了农户经营土地规模和单位土地劳动投入之间的反向关系。

第五，农业劳动力供求双方社会关系总体和谐。在我国的制度环境下，农业劳动力市场供求双方地位平等、互相尊重，主要依赖乡村习俗来解决纠纷，总体关系和谐。

基于上述结论，本书建议从以下几个方面推动经济欠发达地区农业劳动力市场的健康发展。

第一，加强相关法规建设，降低交易成本。农业劳动力市场供求双方的合作缺乏正式契约，容易出现各种矛盾和纠纷。地方政府可以制定农业劳动力市场交易的相关行政法规，为农业劳动力市场营造良好的制度环境，降低其交易成本，促进农业劳动力市场规模的扩大。

第二，政府支持建立专门发布农业劳动力供求信息的平台。缺乏有效的信息传递渠道是农业劳动力过剩与短缺并存的重要原因之一。政府应当支持建立专门用于发布农业雇工相关信息的网络平台，拓宽劳动力供求双方信息交流的渠道，从而促进农业劳动力市场规模的扩大和劳动力资源的优化配置。

第三，完善农业雇工的相关交通基础设施和服务。交通便利性是影响农业劳动力流动的重要因素之一。政府应当积极发展农村公共交通事业，降低劳动力流动成本，促进农业劳动力流动；同时鼓励民间市场主体提供中介交通服务，既充当连接劳动力供求双方的“中间人”，又提供交通工具接送农业劳动者。

第四，强化农民劳动技能培训。不同区域农作物种类存在差异而形成农业劳动技能的差异性，也是限制农业劳动力流动的重要因素之一。政府应当为农民提供农业知识和劳动技能培训服务，提高农业劳动者对不同类型作物作业的适应能力，从而削弱技能壁垒，提高农业雇工的流动性，促进农业劳动力资源的合理配置。

下篇　经济发达地区农业劳动力市场调查报告①

浙江省是我国经济最为发达的省份之一，其经济发展的主要特点在于以市场经济为导向，以民营经济为支撑，经济布局呈现分散化和均衡化的特征。为了深入了解目前我国农业劳动力市场在发达地区的特征，

① 此部分内容发表在《中国经济报告》2021 年第 1 期。参见：马小勇，孙逸戈．经济发达地区农业内部劳动力市场发育现状：基于对浙江温州和金华的调查[J]．中国经济报告，2021（1）：100 – 104.

2019年8月中旬，课题组对浙江省南部的温州市和中部的金华市的农业劳动力市场进行了为期5天的访谈式调查。调查的对象包括村干部、农业大户和农业雇工。本报告分五个部分对调查进行总结：第一部分是对当地农业基本格局的简要介绍，第二部分是对农业劳动力市场供求双方基本特征的介绍，第三部分是对农业劳动力市场运行方式的介绍，第四部分是对农业大户与雇工之间的社会关系的介绍，第五部分是结论与政策建议。

5.6 村庄农业的基本格局：少数大农户与多数自给型农户并存

课题组在温州主要走访了平阳县的高垟村和瓯海区的雄岙村；在金华主要走访了金东区的琐园村、蒲塘村和东阳市的五官塘村。此外，课题组还访问了这些村庄以外的两个农业大户。这些村都地处工业化和城市化程度较高的地区，能够较好地反映经济发达地区农村劳动力市场的情况。由于浙江省非农产业比较发达，农地流转规模相对较大，这些村庄的农业经营呈现出少数农业大户和数量较多的以自给为主的小农户并存的格局。农业大户的雇工主要来自本村或外村的小农户，少数来自江西、贵州等省外地区。课题组调查的各个村庄的基本情况如表5-4所示。

表5-4 被调查村庄的基本情况

村庄名称	所属县区	户籍人口（人）	耕地面积（亩）	农业大户（户）	雇工数量（人）	雇工价格（元/工）	主要作物
蒲塘村	金华市金东区	1860	1560	60~70	300~400	150	苗木、葡萄、水稻
琐园村	金华市金东区	1370	约900	10~20	60~70	240~300[①]	苗木

续表

村庄名称	所属县区	户籍人口（人）	耕地面积（亩）	农业大户（户）	雇工数量（人）	雇工价格（元/工）	主要作物
五官塘村	金华市东阳市	1271	约230②	2	约5	160～170	水稻、西瓜
高垟村	温州市平阳县	1380	480	2	10～20	150～200	柑橘、火龙果
雄岙村	温州市瓯海区	1187	450	>10③	0	—	蔬菜

注：①由于苗木产业劳动的技术较强，该村工价很高；②该村部分土地被征用，用于发展非农产业，现有农地较少；③由于非农产业发达，该村居民已经脱离农业劳动，土地由十几户江西人承包从事蔬菜种植，这些江西人主要依靠家庭自有劳动力从事农业生产。

5.7 农业劳动力市场供求双方的基本特征

5.7.1 农业劳动力需求方的主要特征

农业劳动力市场的需求方主要是农业大户①，其经营规模从15亩到300亩不等。土地经营规模的大小和作物种类关系密切，通常种植劳动密集型作物（如蔬菜、水果、苗木）的农业大户土地规模较小，种植资本密集型作物（如水稻）的农业大户土地规模较大。农场中通常有简易或正规的住房，农业大户的主要家庭成员居住生活于其中。户主年龄处于从40岁到60多岁的各个年龄段，在当地从事农业生产经营的劳动者中相对年轻；在受教育程度方面并没有明显优势，但是经营能力较强，部分还有经营非农产业的经验。农业大户机械化程度较高，尤其在水稻生产中，插秧、收割、田间管理都会使用农业机械，但是这些机械并不是必须自己拥有，可以通过租赁市场来实现对机械的使用②。他

① 包含家庭农场，后文统称为“农业大户”。

② 例如，当地有专门的用无人机进行农药喷洒的公司。

们很大程度上依靠家庭劳动力进行农业生产经营；根据农业的季节性变化，会以临时的方式雇用劳动力，年雇工量在250~1200工，相当于全年雇用1~4个劳动力。所调查的农业大户的基本情况如表5－5所示。

表5－5 农业大户的基本特征

农户	所属村庄	户主年龄（岁）	户主学历	耕种面积（亩）	主要作物	雇工数量（工）
A农业大户	蒲塘村	56	初中	30	苗木	约400
B农业大户	蒲塘村	62	初中	90	水稻	约300
C农业大户	琐园村	43	初中	80	苗木	约1200
D农业大户	琐园村	44	初中	20	苗木	约500
E农业大户	琐园村	55	初中	60	苗木	约1200
F农业大户	五官塘村	62	小学	260	水稻	约250
G农业大户	六联村	60	成人本科	50	养殖业	约600
H农业大户	高垟村	44	大专	80	柑橘、火龙果	约1000
I农业大户	塘川村	53	高中	300	水稻	约600
J农业大户	雄岙村	45	小学	15	蔬菜	0

5.7.2 农业劳动力供给方的主要特征

从事农业雇工的劳动者可以分为两类。一类是小农户家庭的劳动者。这类劳动者通常是子女外出、年龄在50~70岁的小农户家庭成员，由于受到年龄、受教育程度等因素的限制，难以进入非农产业。这些劳动者在家庭农业劳动之外，会利用剩余时间在农业大户处做农业雇工，以增加家庭收入。另一类是来自江西等地的外省劳动者。由于非农产业发达，当地劳动者更加倾向于从事非农劳动，农业劳动力短缺，农业雇工价格较高，吸引了来自江西、湖南、贵州等地的外来劳动者在本地农业打工。这些劳动者相对来说年龄较轻，通常在40~60岁，并且很多是举家迁徙在当地谋生①。这些外来劳动者是对当地农业劳动力的重要

① 家庭成员根据禀赋的不同，有的做农业雇工，有的则在非农产业打工。

补充。所调查的农业雇工的基本情况如表 5 –6 所示。

表 5 –6 农业雇工的基本特征

农业雇工	所属村庄	年龄（岁）	性别	户主学历	年农业打工量（工）
A 雇工	蒲塘村	58	女	高中	200
B 雇工	蒲塘村	58	男	高中	260
C 雇工	蒲塘村	63	男	初中	100
D 雇工	琐园村	56	女	初中	10 余
E 雇工	琐园村	52	女	小学	130
F 雇工	五官塘村	65	女	小学	240
G 雇工	六联村	50	男	初中	340

在农业雇工规模较大的地方，劳动者们经常会形成一种松散的组织，这种组织常常是跨村的。这种组织会基于能力和威望而形成非正式的“头儿”，他们是农业大户和农业雇工之间进行沟通的中介，同时受到农业大户和农业雇工的尊重。这些“头儿”大多会参与劳动，工资水平和其他雇工没有显著差异；在少数情况下，他们不参与劳动，只是进行劳动组织和监督，工资水平略高。考虑其发挥的联络人作用，农业大户会给这些“头儿”报销部分通信费用，或者在年终时赠予礼品。

5.8 农业劳动力市场的运作：价格、搜寻与契约

5.8.1 农业雇工价格

在区域性市场内（其范围大体为同一乡镇），农业劳动力的流动是充分的，会形成统一的雇工价格。农业雇工价格在 150 ~ 300 元/工（见表 5 –4），远高于中西部地区的 50 ~ 180 元/工。农业雇工的日工资通常高于非农雇工，但是由于农业雇工通常是非连续的，其收入与非农雇工收入基本持平或者稍低。不同类型的劳动者工价会有所差异，通常男性工价会略高于女性，技术性劳动者工价会显著高于普通劳动者，本地

劳动者工价会高于外地劳动者。农业雇工收入已经成为部分家庭的主要收入来源。六联村一位来自江西的45岁男性农业雇工，其农业雇工年收入可达54000元；蒲塘村的一位58岁的农业雇工，由于具有栽培苗木的技能，农业雇工收入可达到每年8万元，加上其妻子每年3万元的农业雇工收入，家庭年农业雇工收入可以达到11万元。

5.8.2 农业劳动力市场的搜寻方式

农业大户寻找农业雇工的方式主要有四种：第一种是直接联系经常做农业雇工的劳动者；第二种是通过乡邻介绍联系可能做农业雇工的劳动者；第三种是通过农业雇工组织的“头儿”寻找农业雇工；第四种是农业大户和农业雇工组建微信群，在微信群里沟通关于劳动力供给和需求的信息。

相对而言，农业大户更偏好雇用本村（地）的居民，主要原因在于：第一，本地劳动者流动性低，长期在本地打工（进行的是重复博弈），加之雇主对其技能和品质方面的信息了解得更加充分，可以较好地减少机会主义（偷懒）行为，降低监督成本。第二，本地劳动者长期在当地从事农业劳动，其劳动技能也更加适合当地农业的需要。对于那些监督相对容易的农业环节，雇主会考虑雇用外来劳动者。雇主有时也会采取作业任务承包的方式（计件工资）解决使用外地雇工时所面临的监督问题。农业大户对劳动者性别的偏好主要取决于农业劳动的类型，以体力为主的农活会优先选择男性劳动力，以灵巧和速度为主的农活会优先选择女性劳动力。农业大户并不喜欢雇用40岁以下的年轻人，因为他们缺乏农业劳动的经历，无论从体力还是经验来说，他们做农活都比不上相对年长的劳动者。

农忙季节的农业雇工可能会非常短缺，农业大户需要提前联系好所需的农业雇工，以便农时或市场机会到来时可以迅速展开作业，避免因为劳动力不足造成经济损失。此时的雇工则会按照关系远近，优先考虑为关系较好的农业大户提供劳动。

5.8.3 契约形式

农业大户和农业雇工之间通常是口头契约，契约的内容主要是劳动量和劳动价格。劳动量以“工”为计量单位；劳动价格也按每“工”来确定。正式契约极为少见，调查中没有发现签订正式契约的情形。即使是相对长期的雇佣关系，也未签订正式契约。

5.9 农业劳动力供求双方之间的社会关系

5.9.1 农业雇主和雇工之间的关系总体和谐

农业雇工受到农业大户充分的尊重，其原因在于：一方面，双方都拥有集体土地的承包经营权，通常雇主本身也是农业劳动者，雇工和雇主多是乡邻熟人，社会地位是平等的；另一方面，由于农活监督的困难，对农业雇工的尊重可以减少农业雇工的机会主义行为，提高农业劳动的效率。调查中几乎所有的农业雇工都认为在劳动过程中会受到尊重。这种尊重可以通过农业大户提供的福利反映出来。很多农业大户在劳动过程中会向农业雇工提供开水、午饭以及防暑降温的药品。对于长期合作的雇工，年终的时候还会赠送适当的礼品；对于长期合作的外地雇工，农业大户会提供住宿。农业雇工如果生活中急需资金，可以从农业大户处预支工资（不计利息），这可以视为向长期合作的农业雇工提供的无息借款。

5.9.2 对劳动者人身风险缺乏明确责任界定

对于在农业劳动过程中可能出现的人身风险，农业大户和雇工之间没有明确的责任界定。农业大户缓解此类风险的主要办法是尽量避免可能出现的风险，比如雇用健康的劳动力、减少危险极端环境作业。如果出现问题，通常按照当地习惯来协商解决，有时候还是会给农业大户带来相当大的经营风险。也有部分农业大户考虑购买商业保险来管理此类风险，但是由于降低成本的考虑和存在侥幸心理，实际上都没有付诸实施。

5.10 结论与政策建议

通过上述分析，可以得到以下结论：我国经济发达地区农村土地流转规模较大，在农业大户和小农户及外来农业劳动力之间已经自发形成了一定规模的农业劳动力市场，其运作主要遵循民间的非正式规则。这些地区的农业劳动力市场对于实现农业劳动力资源的合理配置，从而促进新型农业主体的形成和增加农民收入，起到了重要作用；但是，目前还存在着农业劳动力资源配置空间范围较小、契约意识缺乏、劳动者安全健康风险管理欠缺等问题。可以通过以下举措进一步推动经济发达地区农业劳动力市场的发展。

第一，政府应建立农业劳动力供求信息平台。从目前来看，浙江农业劳动力的市场范围还比较小，农业雇工的范围主要是本村和邻近村庄，难以实现较大范围的农业劳动力合理配置。这在相当大的程度上和信息不对称有关。政府可以利用互联网建立农业劳动力信息平台，允许农业大户和雇工（包括外省雇工）在平台上免费发布雇工供求信息，以促进农业劳动力资源在更大范围的合理配置。

第二，出台农业雇工的相关法律法规。农业雇工目前主要表现为民间的自发行为，其中也出现了一些纠纷和摩擦。农业雇工行为有其特殊性，可以考虑通过法律法规来规范农业雇工行为，减少可能的纠纷和摩擦，保护农业劳动者的合法权益，促进农业劳动力市场的健康发展。

第三，鼓励农业大户给农业雇工购买不记名人身保险。农业雇工在生产活动中可能出现的人身安全风险和健康风险会引发雇主和雇工之间的矛盾和冲突，妨碍农业劳动力市场的发展，也可能会威胁社会稳定。

目前商业保险公司已经开展的不记名团体保险业务适于为农业雇工提供保险，政府应该鼓励保险公司在农业生产中积极开展此类业务。对于部分长期雇工，可以在自愿的基础上考虑将其纳入现有的社会保险体系。

5.11 经济欠发达地区与经济发达地区农业劳动力市场的差异分析

两个地区农业生产格局和劳动力市场的不同体现在以下几个方面：第一，农业发展的基本格局不同。浙江中南部的土地流转规模较大，村庄的多数土地经营权已经集中在少数以家庭农场为主的新型农业经营主体手中，普通农户仅保有少量以自给为目的的土地经营权，总体农地经营权集中度较高；而陕西关中地区的农业仍然以农户家庭经营为主，土地流转规模较小，有少量经营规模相对较大的农户，所经营土地比重较低，多数土地仍然由农户直接经营，总体农地经营权集中度较低。第二，由于经济发展水平的差异，两个地区的农业雇工价格有明显差距。陕西关中地区的农业雇工价格在每“工”50～180元，明显低于浙江中南部的每“工”150～300元。第三，由于农业发展格局的差异，农业劳动力供求双方的特征有所不同。浙江中南部农业劳动力的需求方基本都是经营规模较大的新型农业经营主体，户主多为中年人。劳动力供给方有两个来源：一个是本地部分流转出土地的农户，以50岁以上的劳动力为主；另一个是外省的中年劳动力。供求角色比较稳定。而陕西关中地区农业经营主体以小农户为主，农户经营规模差异较小，农业劳动力供给者和需求者的角色可以相互转换。第四，农业雇工的范围和来源不同。浙江中南部非农产业发达，当地劳动力大多从事非农工作，本地农业劳动力短缺，农业雇工价格较高，吸引了来自诸如江西、湖南、贵州等外省的农业打工者，他们成为当地农业雇工群体的重要组成部分；而陕西关中地区从事农业生产经营的农户较多，本地农业劳动力相对充足，雇工范围主要在5千米左右的半径内，基本上可以当天往返。二者的共同之处在于：由于农村土地社会主义集体所有制的存在和中国农村熟人社会的特征，农业劳动力市场供求双方地位平等、社会关系总体和谐。

附录A　调查问卷

Ⅰ. 村庄情况调查问卷

尊敬的村干部：

我们是来自陕西西安西北大学教育部课题的研究团队。目前，中国农村正处于深刻的变革期，农村劳动力大规模向城市迁移，农地规模化经营的趋势逐渐显现，农业劳动力的合理配置成为重要的实践和理论问题。我们调查的目的是对农业劳动力市场进行调查和分析，从而为相关部门提供决策建议。本研究所获取的数据将仅仅用于科学研究工作，您的个人信息将得到严格保护。感谢您的理解和支持！

调查地点：________省________市________县（区）________乡（镇）________村________组

调查时间：________**访谈对象：**__________ **联系方式：**________

问卷编码：________ **调查员：**________

1. 本行政村按户籍总共有________户，共有人口________________人；常住家庭____户，常住人口____人。

2. 本村人口中全部劳动力（注：年龄在16~65岁，不包括在校学生）约有________人，主要从事农业劳动的劳动力约有________人，主要从事非农劳动的劳动力约有________人。外出打工的劳动力（县外）约有________人。

3. 本行政村的各类土地（包括耕地、林地、牧场、水塘等）共有

________亩，其中耕地________亩，可灌溉耕地有________亩，撂荒土地大约有________亩。本村种植的主要农作物是______ ，次要农作物是______ ，第三位的农作物是______ 。（注：按种植面积排序）

4. 本村主要农产品的亩均产值约为________元，次要农产品的亩均产值约为________元，第三位的农产品的亩均产值约为________元。

5. 本村人均纯收入约为________元。本村家庭的纯收入（等于产值减投入，包括农业和非农产业）状况：高收入约为________元，中等收入约为______元，低收入约为________ 元。

6. 本村有____个家庭农场，经营面积按大小顺序分别为：（1）____亩，（2）______ 亩，（3）____亩，（4）____亩，（可补充）________。各家庭农场雇工花费分别为：（1）____ 元，（2）____元，（3）____元，（4）______元，（可补充）________ 。（注：雇工费用可以请村干部估计或打电话询问）

7. 本村有农民专业合作组织____ 个，涉及农户数量分别是：

（1）________户，（2）________ 户，（可补充）________ 。主要提供的服务分别包括：（1）________，（2）________，（可补充）________ 。

8. 本村有不直接涉农中小企业__________ 个，主要业务是__________，提供工作岗位共______个。

9. 本村附近有无制造业和大型工矿业企业？（　　）

A. 有　　　　B. 无

10. 本村属于哪一类型的地区？（　　）

A. 平原　　B. 旱塬　　C. 丘陵　　D. 山地　　E. 高原

F. 其他

11. 本村与县城的距离是________公里，从本村到县城通常（采用本地人常用的交通方式）需要的时间为________分钟。

12. 本村到邻近村庄的道路如何？（　　）

A. 很好　B. 较好　C. 一般　D. 较差　E. 很差

13. 本村是否有以下公共设施？（　　　）（可多选）

A. 医疗所　　B. 公交站点　　C. 中小学

D. 宗教场所　　E. 商店或超市　　F. 饭店

G. 休闲健身广场　　H. 电商服务点　　I. 路灯

J. 灌溉设施　　K. 其他

14. 本村去年获得的来自上级的财政收入主要有哪些？（　）

A. 基本办公经费　B. 专项费用，包括＿＿＿＿＿＿＿＿＿＿＿＿。总共有＿＿＿＿元。

15. 本村集体经济每年的收入（出租农地和其他资产、集体企业收入）大概有＿＿＿＿＿＿＿＿＿＿元。

16. 本村经常从事农业打工（农业雇工）的劳动者有＿＿＿＿＿＿人，涉及家庭＿＿＿＿＿＿户。经常在农业生产中雇用劳动力的家庭有＿＿＿＿＿＿户。

17. 经常从事农业打工（农业雇工）的劳动者有哪些特征？（可多选）

性别（　）：A. 男性为主　B. 女性为主　C. 不确定

年龄（　）：A. 16～29 岁　B. 30～44 岁　C. 45～59 岁

D. 60～69 岁　E. 70 岁以上

受教育程度（　）：A. 文盲/半文盲　B. 小学　C. 初中

D. 高中　E. 大专及以上

家庭人口结构（家庭规模、是否有未成年人、是否有 70 岁以上老人及其数量、女性人口比例）：＿＿＿＿＿＿＿＿＿＿＿＿＿＿。

生产经营特征（经营土地规模、种植作物类型、是否经营畜牧业或非农产业等）：＿＿＿＿＿＿＿＿＿＿＿＿＿＿＿＿＿＿＿＿＿＿＿

________________。

18. 经常雇人干农活的家庭有哪些特征？

家庭人口结构（家庭规模、是否有未成年人、是否有 70 岁以上老人及其数量、女性人口比例）：________________。

家庭生产经营状况（农地经营规模、经营农产品类型、是否从事畜牧业或非农产业）：________________。

19. 当地的农业劳动力供求关系属于以下哪种情况？（　　）

A. 短缺　　B. 过剩

C. 供求平衡　　D. 有时短缺，有时过剩

20. （单次）农业雇佣关系多数会持续多长时间？（　　）

A. 1 天以内　B. 1 天　C. 若干天　D. 若干月　E. 一年以上

21. 农业雇工（不拥有专业技能的普通劳动者）的工资一般是男性每天______元，女性每天______元。当地非农打工者（不拥有专业技能的普通劳动者）的工资一般是每天______元或者每月______元。

22. 农业雇工工资近五年来的变化趋势如何？（　　）

A. 提高　B. 降低　C. 基本未变

疫情对农业雇工工资有无显著影响？（　　）

A. 没有影响　B. 影响很小　C. 影响显著

23. 本地大多数农业打工者（农业雇工）流动的范围有多大？（　　）（可多选）

A. 本村　B. 邻村　C. 本乡镇范围　D. 全县范围

E. 全市（地级）范围　F. 全省范围　G. 全国范围

24. 农户农业打工范围受到哪些因素的限制？________________。

25. 雇主在雇人时喜欢本地人还是外地人？为什么？（　　）________________。

A. 本地人　B. 外地人　C. 无所谓

26. 各村的农业打工工资有差别吗？为什么会有这些差异？（　　）

A. 土地多少不同　　　B. 土地收入不同（单位面积产值）

C. 当地劳动力多少不同　　D. 非农劳动机会不同

E. 其他原因

27. 本村的农业雇工有经常性的组织吗？______ 。这个组织有固定的领头人吗？______。领头人通常具有怎样的特征？________________ __________ 。

28. 雇工如果是本村或邻村的，吃饭和住宿问题如何解决？______ ________。

雇工如果是外县或者外省的，吃饭和住宿问题如何解决？________ ________ 。

雇工如果是外县或外省的，交通问题如何解决？________________ __________。

29. 农业雇工会签订正式的合同吗？（　　）

A. 会　　B. 不会　　C. 不一定

雇工劳动的时间单位通常是（　　）

A. 小时　　B. 天　　C. 周　　D. 月　　E. 年

如果出现安全事故，通常如何分担责任？（　　）

A. 农业打工者自己承担　　B. 雇主承担

C. 事先约定按一定比例分担　　D. 出事后协商解决

30. 如何寻找合适的雇工（或如何找到雇工机会）？（　　）（可多选）

A. 通过专门市场中介　B. 通过村里（或邻村）兼职的中间人（工头）

C. 通过乡邻、亲友介绍　　　D. 有固定合作的雇工（雇主）

E. 通过政府提供的信息平台　　F. 通过社交软件（微信等）

31. 本村是否进行了集体资产清资核算？____ 。如果已经进行，那么全部经营性资产规模是________元，其中上级政府累计拨付的资金________元。当前集体资产主要形式是（　　）。

A. 农业用地　　B. 建设用地　　C. 房产

D. 设施设备　　E. 其他自然资源　　F. 银行存款和现金资产

G. 股票、债券等有价证券　　H. 债权或应收账款

32. 本村是否对集体经营性资产进行了股份合作制改革？（　　）

A. 已经改革　　B. 尚未启动　　C. 正在进行中

如果已经改革，农民股份合作社的治理结构是怎样的（“两委”的作用？管理团队构成？农民如何民主参与）？____。

33. 目前集体经营性资产是否产生了收益？（　　）

A. 已有收益　　B. 尚未产生　　C. 产生了亏损

如果已经产生收益，去年全年的收益大约为____________元（可以为负）。这笔收益的使用方式为：（　　）

A. 全部分配给集体成员　　B. 留存集体账户　　C. 用于集体公共设施（服务）　　D. 用于扶助村内贫困户　　E. 其他

34. 新型农村集体经济在乡村振兴中起到了哪些作用？（　　）（可多选）

A. 有利于集体资产增值保值　　B. 增加农民资产性收益

C. 增强农村社区的凝聚力　　D. 增强为农户生产生活提供公共服务的能力　　E. 扶助贫困群体　　F. 其他

35. 发展新型农村集体经济所面临的主要困难是什么？（　　）

A. 村集体资产缺乏　　B. 上级政府支持资金有限

C. 未能完全吃透政策　　D. 缺乏集体经营所需的人才和外部资源

E. 其他

Ⅱ. 农户调查问卷

尊敬的农民朋友：

我们是来自陕西西安西北大学教育部课题的研究团队。目前，中国农村正处于深刻的变革期，农村劳动力大规模向城市迁移，农地规模化经营的趋势逐渐显现，农业劳动力的合理配置成为重要的实践和理论问题。我们调查的目的是对农业劳动力市场进行调查和分析，从而为相关部门提供决策建议。本研究所获取的数据将仅仅用于科学研究工作，您的个人信息将得到严格保护。感谢您的理解和支持！

调查地点：______省________市________县（区）________乡（镇）________村________组

调查时间：________________　**联系方式：**____________

调查员：__________　**问卷编号：**____________

1. 您家（以合灶吃饭为一家）里拥有承包权的（村集体分配的）土地有____亩。您家包入（租入）土地的面积是________亩，包入（租入）价格是________元/亩。您家包出（租出）土地的面积是________亩，包出（租出）价格是________元/亩。

2. 您家的灌溉便利的农地在全部农地中所占的比重是________%。

3. 您家去年农地种植的主要作物是______________，种植面积为______亩。次要的作物是________，种植面积为__________亩。

4. 您家农业生产经营活动（种植业）去年全年共投入______工（1个劳动者1天的劳动为一个“工”），其中自家家庭劳动投入______工，雇用劳动________工。雇工的花费是________元。

5. 您家去年在主要作物中投入的劳动量为________工，其中家庭劳动投入为________工，雇用劳动________工，雇工的花费是________元。（注：如果农作物只有一种，此题可以不填，并在第一个空填上

“同上”）

6. 您家去年在次要作物中投入的劳动量为________工，其中家庭劳动投入为________工，雇用劳动________工，雇工的花费是________元。（注：如果农作物只有一种，此题可以不填，在第一个空格处画“/”）

7. 您家共有人口________人。其中未成年人口（包括虽成年但仍在接受教育的）有________人；70岁以上的老人有________人；以干家务为主的人口有________人；大专院校毕业且在外工作的成年子女有________人。实际家庭劳动人口有________人（实际家庭劳动人口=全部人口－未成年或仍在接受教育的子女－70岁以上老人－干家务为主的人口－大专院校毕业且在外工作的成年子女）。

8. 家庭劳动人口主要从事家庭农业生产经营活动的有________人；常年从事非农产业的劳动者有________人。从事农业打工（农业雇工）的共有________人，经常从事农业打工（农业雇工）的有________人，每年总共农业打工量为________工，农业打工收入总共______________元。

9. 家里农业生产活动的主事人是否具有以下性格特征（在符合的选项画√）：

	符合	不太符合	不符合
善于发现经营机会			
喜欢与人合作			
做事有长远计划			
积极尝试新方法新产品			
敢于借钱发展生产			

10. 您家的收入在村中所处的水平是（　　）。

A. 高收入　B. 较高收入　C. 中等收入　D. 较低收入　E. 低收入

11. 您全家去年的收入是________ 元（不包含大专院校毕业且在外工作的成年子女的收入）。

12. 您家住房目前建筑面积是________平方米，是否具有以下资产或消费品（　　）（可多选）。

A. 城镇商品房　　B. 小汽车　　C. 空调

D. 电视、洗衣机等日用家电　　E. 电脑　　F. 智能手机

G. 有线或无线网络　　H. 热水器等洗浴设备

I. 抽油烟机等厨房设备　　J. 沙发等现代家具

13. 您家去年全部种植业的生产经营收入为________元（如为自用则按亩产估算），来自畜牧业的经营收入为________元。全部农业打工收入为________元，全部非农收入为________ 元。全部政府补贴收入为________ 元。

14. 在外打工但户籍仍在本村的家庭劳动力去年给家庭提供的经济支持为________ 元。在外工作且户籍已经迁出的家庭成员去年给家庭提供的经济支持为________ 元。其他无偿经济支持为________元。

15. 您去年从银行或信用社取得的贷款有________元，从民间获得的借款为________ 元。

16. 来自主要作物的农业生产经营收入为________ 元；来自次要作物的农业生产经营收入为________ 元。

17. 您每年在农业生产经营方面的投入总共有________元，农业雇工方面的花费大概是________元，工作量相当于________工。

18. 您每年在主要农作物方面的投入总共有________元，在主要农作物方面的雇工费用大概是________元，工作量相当于________工。（注：如果农作物只有一种，此题可以不填，并在第一个空填上“同上”）

19. 您每年在次要农作物方面的投入总共有________元，在次要农

作物方面的雇工费用大概是________元，工作量相当于________________工。（注：如果农作物只有一种，此题可以不填，在第一个空格处画“/”）

20. 您家里拥有的农用机械（主要指拖拉机、脱粒机、机引农具、抽水机、喷灌设施等田间耕作设备，不包括农产品加工机械和农业大棚等设施）的总价值约为________元（购买价值）。

21. 您每年在租用农用机械服务（包括操作农业机械的劳动）方面付出的租金约为________ 元。

22. 家庭主要劳动力特点及劳动时间分配情况（不包含大专院校毕业且在外工作的成年子女）：

	关系	性别	年龄	受教育程度	主要工作				次要工作				劳动技能	是否主事人
					类型	劳动量	地点	工价	类型	劳动量	地点	工价		
成员 1	本人													
成员 2														
成员 3														
成员 4														
成员 5														
成员 6														
成员 7														
成员 8														

注：

（1）成员 1 为本人，其他成员与本人的关系可以填写：A. 夫妻　B. 儿女（包括儿媳女婿）　C. 父母　D. 祖父母　E. 孙子孙女（包括孙女婿或孙媳妇）　F. 其他关系

（2）性别：A. 男　B. 女

（3）年龄直接填写，单位为“岁”。

（4）受教育程度可以填写：A. 文盲/半文盲　B. 小学　C. 初中　D. 高中　E. 大学专科及以上

（5）工作类型可以填写：A. 家庭务农　B. 农业打工（农业雇工）　C. 非农

打工　D. 自己做生意办企业　E. 在政府机关、事业单位、国有企业工作

（6）工作地点可以填写：A. 本村　B. 县内村外　C. 省内县外　D. 国内省外　E. 国外

（7）农业劳动量以“天”为单位，非农劳动量以“月”为单位。相应的工价可以为每天的工价或每月的工价。

（8）劳动技能是指水电工、装修、机械修理、果树苗木修剪等需要经过专门学习和培训才能拥有的技能。可填写：A. 有　B. 无

（9）主事人是指在家庭生产生活中的主要决策人，可以多于1人。可填写：A. 是　B. 否

23. 您家是否属于注册的家庭农场？（　）　A. 是　B. 否

24. 您家是否参与了农民专业合作社？（　）　A. 是　B. 否

如果家里有人做农业打工，请回答25～30题，如无则询问家里是否雇人从事农业生产。

25. 您家里人为什么要从事农业打工？（　）（可多选）

A. 利用农闲时间增加家庭收入　B. 找不到合适的非农业工作

C. 可以兼顾自家农业生产　D. 可以照顾孩子或老人

E. 农业打工收入比自己种地更稳定　F. 地包出去了，没事干

26. 您觉得做农业打工是否受到雇主的尊重？（　）

A. 被尊重　B. 被轻视　C. 没有什么感觉

27. 您农业打工的工价通常为每工________元。

28. 雇主给予您的除了工价之外的福利包括：（　）（可多选）。

A. 管吃饭　B. 免费获得部分农产品　C. 节假日礼物

D. 提供药物、开水、香烟　E. 预支工资

F. 提供无息或低息借款　G. 提供住宿　H. 负责接送

29. 您会经常遇到想从事农业打工却没有机会的情况吗？（　）

A. 经常　B. 有时　C. 不会

您觉得找不到打工机会的主要原因是什么？________________。

30. 您觉得给别人农业打工会遇到哪些麻烦？（　　）（可多选）

A. 路上耗费时间太长　　　　B. 吃饭问题不好解决

C. 要受人监督，不自由，不舒服　D. 要学习新的劳动技能

E. 可能会被忽悠，克扣工钱或者干过多的活

如果家里雇人从事农业生产，请回答 30 ~ 39 题。

31. 您家为什么要雇用农业劳动力？（　　）（可多选）

A. 家庭劳动力不足　　B. 家庭劳动力外出打工了

C. 年龄大了，干不动了　　D. 通过租入土地扩大了经营规模

E. 应对农忙季节的劳动力需求

32. 您雇用农业雇工考虑的主要是：（　　）（可多选）。

A. 劳动技能强　　　B. 品行端正，不投机取巧

C. 雇用方便　　　　D. 价格合适

E. 其他，请列举________

33. 您雇工的费用通常为每工 ________元。

34. 您会遇到想雇人却无法雇到的情况吗？（　　）

A. 经常　　B. 有时　　C. 不会

您认为主要是什么原因？ ____________________。

35. 您觉得和农业打工者相处时需要客客气气吗？（　　）

A. 需要　　B. 没有必要　　C. 无所谓

36. 您最喜欢雇用的农业劳动力类型是（　　），为什么？ ______

__________。

A. 本村　　B. 邻村　　C. 县外　　D. 省外

37. 与家庭劳动力相比，雇人干活可能有哪些麻烦？（　　）（可多选）

A. 要解决交通和吃饭问题

B. 不了解人品，可能会偷懒，需要监督

C. 需要客客气气，比较麻烦

D. 不具备所需劳动技能，需要培训和指导

38. 是否雇人越多，上述麻烦就越明显？（　　）

A. 是　　B. 否

39. 通常土地经营规模越大，单位土地投入的劳动力就越少。您觉得这种现象出现的主要原因是？（　　）

A. 不存在这种现象

B. 只是表面现象，规模扩大以后家庭劳动力使用更加充分了，实际劳动投入并没有减少

C. 规模扩大后可以用农业机械替代人力

D. 没有足够的流动资金，所以尽量少雇人

E. 雇工费用太高，雇工太多会导致经营亏损，所以尽量少雇人

F. 雇工会偷懒，还需要技能培训，解决交通吃饭问题，很麻烦，所以尽量少雇人

附录B　学生返乡调查报告

Ⅰ. 陕北地区农业劳动力市场调查报告

——基于对神木市锦界镇瑶镇村的调查

陕北榆林位于长城沿线区，地处毛乌素风沙区向陕北黄土丘陵区的过渡地带，富产煤炭、石油、天然气等矿产资源。陕北地区的农产品也颇具特色，红枣、洋芋、小米、荞麦、绿豆、羊肉等农产品远近闻名。2020年，陕北地区主要农产品产量如附表B－1所示。

附表B－1　陕北地区2020年主要农产品产量

产品名称	单位	延安市	榆林市	合计
粮食产量	万吨	69.56	266.19	335.75
蔬菜产量	万吨	108.17	109.26	217.43
苹果产量	万吨	289.20	86.53	375.73
羊存栏量	万只	56.55	561.48	618.03
生猪存栏量	万头	36.84	101.89	138.73
牛存栏量	万头	5.97	17.89	23.86

资料来源：《榆林统计年鉴》和《延安统计年鉴》。

作为革命老区，陕北仍然是生态脆弱区和农业落后区，农村经济发展缓慢，农民收入水平较低。为确保陕北地区经济可持续发展，必须以实现农业现代化为主要目标，全面落实乡村振兴战略。为了深入了解陕北地区农业发展现状及其农业劳动力市场的特征，笔者于2022年8月上旬在榆林市神木市锦界镇瑶镇村进行了实地调查，调查采用问卷调查与访谈调查相结合的方式，调查的对象包括村干部及农业劳动力市场的供给者和需求者。以下分五部分对调查结果进行总结。

一、村庄农业的基本格局：极少数大农户与绝大多数小农户并存

瑶镇村位于神木市锦界镇西北部（原瑶镇乡政府驻地），距镇政府所在地约13千米，锦大路穿村而过。该行政村按户籍总共有365户，人口1091人；常住家庭152户，常住人口710人。本村人口中劳动力659人，主要从事农业劳动的劳动力389人（其中从事农业雇工的劳动力仅有25人左右），主要从事非农劳动的劳动力约270人，外出打工的劳动力（县外）约240人。

本行政村的各类土地（包括耕地、林地、牧场、水塘等）共有81000亩，其中耕地有4550亩，可灌溉耕地有2680亩[①]，每亩耕地的纯收入约为1500元。在调查中，笔者发现该村的农业生产以自给自足模式为主，即农户一般在自家门口用篱笆圈一小块地（面积为20~50平方米），种植自己日常喜欢吃的瓜果蔬菜，如玉米、枣子、丝瓜、卷心菜、红椒、南瓜、桑葚、豌豆苗、洋萝卜等。村民“舍弃”了田里的大量耕地，而选择在家门口开垦一小片土地来发展自己的“小菜园”，且其产量可以满足村民的基本生活需求。这些农户的农业生产规模很小，生产的农产品不会进入市场。

调查中仅发现两家农户存在“雇人种地”的情况。这两家农户的农业生产规模相对较大，劳动力需求量较大。陕北地区的农业雇工较为罕见的原因在于：第一，从根本上来说，陕北地区地形以山地和丘陵为主，气候干旱，降水少，自然条件较为恶劣，农业发展总体上相对落后，农业产值低。在这种情况下，当地村民缺乏“雇人种地”的动

---

① 陕北地区撂荒土地面积较大的原因可以从客观原因和主观原因两个方面来分析。一方面，陕北地区地形以山地和丘陵为主，且较为干旱，适合发展农业的土地面积很少，导致大量的土地无法被有效利用；另一方面，该地区农业产值较低，人们从事农业生产的积极性较差。

机。第二，被调查村庄实际耕种的土地面积较少，对农业劳动力的需求量很小，一般情况下，村民完全可以“自力更生”，而无须雇工帮忙；即使是在农忙季节，村民们也会通过互助等方式，基本“解决”家里的农活。第三，在城里上学和工作的家人一般会在农忙季节回村帮忙。每年国庆假期恰逢当地农忙，是村里田地上最热闹的时候。各家各户外出的成员回到家乡，一家男女老少来到田里，齐心协力，共享收获的喜悦。

综上，该村庄农业的基本格局为：极少数大农户与绝大多数小农户并存。

二、农业劳动力市场供求双方的基本特征

（一）农业劳动力需求方的主要特征

农业劳动力市场的需求方主要是农业大户，这些农业大户主要有以下几方面的特征：第一，农业生产规模大、所经营的耕地面积较大，为 80 ~ 100 亩。其中除了自家的耕地之外，还通过租用或无偿使用的方式，经营其他农户的耕地 20 ~ 30 亩，以及无人种植的荒地 10 亩左右。第二，拥有优质的农产品销售平台和渠道。农业大户一般与当地的大型农贸市场建立了长期稳定的合作关系。作为农贸市场的供应商，这些农业大户的农产品产量大、品质优、销路广，每年能为农业大户带来稳定的收入（7 万 ~9 万元）。第三，拥有相对先进的农业生产机械和设备，生产的机械化水平高。该村的农用工具整体上十分落后，多为锄头、铁锹等原始农具，且破败不堪。而在作为重点调查对象的两家农业大户家中，可以见到大型播种机、玉米脱粒机、农用拖拉机等相对现代化的农用机械。第四，农业大户很大程度上依靠家庭劳动力进行农业生产经营，同时，会根据农业的季节性变化，以临时方式雇用劳动力。一般来说，在秋收季节（9—10 月）农活多，农业大户的农业劳动力需求量最大，通常需要雇用 15 ~ 20 人。在平时，

5位左右的雇工就可以满足劳动力需求。所调查的两个农业大户的基本情况如附表B－2所示。

附表B－2　农业大户的基本特征

农户	所属村庄	户主年龄（岁）	户主学历	耕种面积（亩）	主要作物
A农业大户	瑶镇村	58	高中	80	玉米、土豆
B农业大户	瑶镇村	60	高中	95	小麦、玉米

（二）农业劳动力供给方的主要特征

从事农业雇工的劳动者主要是来自本村小农户劳动者。这类劳动者通常是子女外出、年龄在50～70岁的小农户家庭成员，文化程度普遍较低，以小学和初中学历为主；他们除经营自家耕地之外，会利用剩余时间在农业大户处做农业雇工，以增加家庭收入。所调查的7位农业雇工的情况如附表B－3所示。

附表B－3　农业雇工的基本特征

农业雇工	所属村庄	年龄（岁）	性别	户主学历
A雇工	瑶镇村	53	男	初中
B雇工	瑶镇村	52	男	初中
C雇工	瑶镇村	61	男	初中
D雇工	瑶镇村	60	男	初中
E雇工	瑶镇村	62	女	小学
F雇工	瑶镇村	55	男	小学
G雇工	瑶镇村	57	男	初中

三、农业劳动力市场的运作：价格、搜寻与契约

（一）农业雇工价格

该村庄的农业雇工价格与其工作强度和劳动技能呈正相关关系。一方面，雇工的工作时间越长、工作强度越大，其工资就越高。在农闲时期（春末夏初），这里的雇工每工作一小时平均可获得10～12元的收入；在农忙时期（秋收季节），雇工每工作一小时平均可获得

15～20元的收入。另一方面，如果雇工掌握了某项特殊的农业劳动技能，或者可以熟练地使用或者维修农用机械，通常可以得到额外的补助和福利，如获赠香烟、白酒、鸡蛋等。不同类型的劳动者工价会存在差异，通常男性工价会略高于女性，技术性劳动力工价会显著高于普通劳动力。

（二）农业劳动力市场的搜寻方式

农业大户寻找农业雇工的方式主要有三种：第一种是直接联系熟悉的村民或者外村的朋友、亲戚；第二种是通过村民介绍联系可能做农业雇工的劳动者；第三种是农业大户通过村委会发布“招聘信息”，由村支书或村主任发布通知或帮忙联络。

相对而言，农业大户更偏好雇用本地劳动者，主要原因在于：第一，雇主对本地劳动者较为熟悉和了解，甚至彼此为朋友或亲戚，可以有效地减少机会主义行为，降低监督成本；第二，本地劳动者长期在当地从事农业劳动，对当地的气候、土壤、作物品种等情况比较了解，利于开展农业劳动；第三，本地劳动者在本村拥有自己的房屋，因此雇主无须为雇工提供住处，从而可以有效降低雇主的成本。

（三）契约形式

农业大户和农业雇工之间通常是口头契约，契约主要是对劳动量和劳动价格进行约定。劳动量以“工”为计量单位。在当地，正式契约极为少见，调查中没有发现签订正式契约的情形。值得一提的是，在有些情况下，雇主会与雇工口头约定以“产量”为条件的额外奖惩措施。如果一个时间段内雇主家的农作物产量达到约定水平，雇工将有机会获得额外的好处，雇主以此来调动雇工的劳动积极性。然而，这种契约形式的不合理之处在于，农业产量会受到诸多客观因素的影响，如当年的降水量或自然灾害。

四、农业大户与雇工之间的社会关系

总体来看，农业劳动力市场的雇主和雇工之间地位平等、关系和谐。

第一，农业雇工通常会受到农业大户的尊重和关心。其原因在于：首先，雇主本身也是农业劳动者（只是其农业生产规模较大），雇主与雇工的社会地位是平等的；其次，雇工和雇主多为同村熟人、朋友，甚至是亲戚；最后，农活一般较为辛苦，关心雇工的健康状况可以提高其劳动积极性，减少其机会主义行为，提高农业劳动的效率。雇主对雇工的尊重和关心具体体现为：雇主会为雇工提供饮用水、必要药品以及简易的休息场所。值得一提的是，如果恰逢雇主家举办大型活动（如孩子的生日宴、升学宴等），雇主会邀请雇工一同入席，将其当成自己的家人盛情款待。

第二，雇工劳作过程中的人身安全可以得到基本的保障。对于在农业劳动过程中可能出现的风险，雇主和雇工之间一般会通过口头协议约定赔偿方案。而且，雇主一般会尽力排除农业过程中可能存在的各种隐患，主要办法包括：定期对农用机械进行检查和更换、避免让雇工在恶劣天气条件下进行劳动、当雇工身体出现不适时及时送医。然而，由于村民法律意识淡薄且大部分雇主希望降低成本，调查中未发现有雇主为雇工购买保险的行为。

总的来说，雇主与雇工之间的和谐关系，是建立在两者之间相互信任、相互尊重，甚至是血浓于水的亲情的基础上，而不是依靠法律条款和合同的约束。

五、结论

总结以上分析，陕北地区农业劳动力市场主要有以下特点：第一，陕北地区受自然条件限制，耕地较少，农业发展较为落后，农业劳动力市场发展不足，“雇人种地”的行为很少。第二，在农业劳动力市场中，供给方多为村里小农户的劳动者，他们年龄较大，知识水平偏低，只能依靠传统经验进行农业劳动。第三，农业雇主几乎不与雇工签订书面合同，两者的权利和义务全凭口头约定，并且雇主很少会为雇工购买保险。第四，雇主与雇工地位平等、相互尊重，关系和谐。

Ⅱ．山西原贫困县农业劳动力市场调查报告
——基于对运城市万荣县汉薛镇南景村的调查

万荣县隶属山西省运城市，地处运城市西北部。县域面积1081.5平方千米，下辖6个镇、8个乡，共207个行政村。受地势和气候影响，万荣县的农作物主要有小麦、玉米、棉花、苹果、蔬菜等。2021年，万荣县地区生产总值达到100.04亿元，其中农业产值45.41亿元[①]。为了解万荣县的农业劳动力市场，笔者选取万荣县汉薛镇南景村作为调查对象，于2022年8月上旬进行了实地调查，调查采用访问调查与问卷调查相结合的方式。以下分五部分对调查结果进行总结。

一、村庄农业生产格局

南景村位于汉薛镇西南，运稷一级路以东，距镇中心2千米，距县中心18千米，交通便利。全村共7个居民小组，382户，1507人，其中党员32人；耕地面积7022亩，其中苹果种植面积1500亩、桃树种植面积4700亩，亩均产值为5000～8000元。该村建设了占地2500平方米的合作社桃果销售市场，搭建工棚200平方米、建设平房100平方米，方便了客商和老百姓的购销；还建立了万红宝果业生产科技合作社，建成了90平方米的农民培训中心和100平方米的科技图书室，为村民学习新知识、掌握新技术提供了便利[②]。

---

① 资料来源:《万荣县2021年国民经济和社会发展统计公报》。

② 资料来源:该村村委会。

南景村农户多以种植苹果和桃为主。桃树和苹果树的作业环节大致相似，包括施肥、浇地、疏花、套袋、打农药、修剪等。桃的成熟时间在每年 7 月底 8 月初，成熟之后，村民直接将桃子批发给客商，亩均产值为 6000～8000 元；苹果的成熟时间在每年的 9 月中下旬，少部分村民将苹果直接批发给客商，大部分村民将苹果储存在村里的果库里，随后择时卖出，亩均产值为 5000～6000 元。近年来，部分村民借鉴邻村的经验开始发展养殖业，或是全部改为养殖业，或是半种植半养殖。养殖多以羊、鸭为主，数量少则几只，多则近百只。

二、农业劳动力市场供求双方特征

（一）农业劳动力市场需求方的主要特征

农业劳动力的需求方主要是普通农户和中间商，普通农户主要在农忙时劳动力需求量大，中间商的需求与其批发商品的成熟时间有关。普通农户一般耕地规模不大，耕地面积在几亩到 30 亩之间不等；由于年轻人或进城务工或仍在上学，该村种地的村民年龄大多在 40～65 岁；为降低每亩耕地的投入成本，普通农户在非农忙时，大多是夫妻自己劳作，只在农忙时有雇工需求，而此时雇工的工资也较平时略高。中间商又分为村民自己做中间商和村民带领外地客商，前者在农忙时依靠社会关系或长期的口头协议寻找雇工，后者主要依靠带领村民的社会关系寻找雇工，两者在农忙时都需要大量雇工。附表 B－4 为所调查的两个雇主的基本情况。其中，A 农户耕地面积较少，每年雇工数量也相对较少。B 农户耕地面积较多，每年雇工数量也较多，同时 B 农户会带领外地客商，还需为客商雇工。

附表 B－4　农业劳动力需求方的特征

农户	户主年龄（岁）	户主学历	耕种面积及作物	雇工数量
A 普通农户	53	初中	8 亩桃＋2 亩苹果＋1 亩葵花	约 80 工

续表

农户	户主年龄（岁）	户主学历	耕种面积及作物	雇工数量
B 普通农户	56	初中	14 亩桃 +10 亩油桃	约 240 工

（二）农业劳动力市场供给方的主要特征

农业劳动力供给方的主要特征包括：第一，劳动力供给方的年龄大多在 40 岁以上，身体状况良好。第二，劳动力供给方的学历多为初中及以下，通过打零工方式赚取工资。第三，农村劳动力供给方多为女性。通常男性劳动力外出打工较多；女性则利用闲余时间在本地农业打工，以便照顾家里的老人和孩子。第四，劳动力供给方有本村和其他村的劳动者。本村的一般是地少或将土地流转出的村民；其他村劳动者或经营土地面积较少，或农忙时间与本村错开了。

附表 B－5 为所调查的三个雇工的基本情况。其中，A 雇工为西村（距南景村 20 千米）村民，该雇工自家没有地，常年在外打工，已在南景村打工多年，有活的话当天自己骑电动车往返，由雇主补贴 10 元路费。B 雇工为三管村（距南景村 13 千米）村民，该雇工家里的农忙时间晚于南景村，时间刚好错开。其与同村的十来个人结伴在南景村打工已连续几年，通常由雇主统一车接车送。C 雇工为南景村村民，自家的土地流转出去，只在农忙时打工。

附表 B－5　农业劳动力供给方的特征

农业雇工	年龄（岁）	性别	户主学历	农业打工量（工）
A 雇工	58	女	小学	120～150
B 雇工	45	女	高中	80～100
C 雇工	53	女	初中	40～50

三、农业劳动力市场的运作

（一）劳动力价格

南景村劳动力的价格按工作内容分以下几种：①一般为每小时 10

元，农忙时期价格会上调 2 元左右，其他村的雇工会另加 10 元的路费；若工作时间超过一晌，则雇主需管饭。②套袋的工资为每袋 3.5 分，一位工人一晌大约能套 1000 袋，若工时超过一晌雇主也需管饭。③修剪树枝的工资较高，为每天 220 元。这一方面是因为修剪树枝者多为男性，且修剪树枝多在冬季，天气比较恶劣；另一方面是因为修剪树枝的劳动技术含量较高，工人较少。

调查时正逢南景村农忙时期，笔者了解到南景村捡桃工人工资为每天 100 元，从早上 6 点到下午 3～4 点，大约为每小时 10 元，且每天管两顿饭。这一待遇相比于汉薛村（位于南景村北方 2 千米左右）的每天 90 元、管一顿饭略好，其原因主要是汉薛村位于南景村北面，桃子成熟稍晚，中间商批发桃的价格略低于南景村。

（二）劳动力搜寻方式

非农忙时期一般可在村内找到合适的雇工，这种情况下多是依靠人情关系或者“工头”介绍。农忙时期，村内空闲劳动力较少，雇主一般通过乡邻介绍，取得“工头”的联系方式，再通过“工头”寻找合适的雇工，“工头”也会将信息发送到微信群或朋友圈寻找雇工。多年来，一些耕地面积较大的雇主与部分雇工达成口头协议，每年相同时间段，雇工尽可能优先为该雇主提供劳动，这样可以减少搜寻成本，也增加了用工的稳定性。此外，村里还盛行这样一种情况：农忙时间错开的两户人家约定好，优先做彼此的雇工，这在一定程度上降低了寻找雇工的困难。

四、雇主与雇工的社会关系

总的来说，雇主与雇工之间相互尊重、关系和谐。雇工会尽可能按照雇主的要求完成作业，保证工作的质量；雇主则为雇工提供水、餐食等必需品，以提高劳动效率。这种和谐关系建立的基础在于雇工与雇主生活环境相似，且存在雇工与雇主的地位互换的情况，因而雇工体谅雇主栽培农作物的辛苦与付出，雇主照顾雇工工作的身体和情绪状况。

五、总结

通过对万荣县南景村农业劳动力市场的调查，可以得出以下结论：第一，万荣县属于经济欠发达地区，农业经营主体主要是普通农户，主要在农忙时有雇工需求。劳动力的供给方也主要来自普通农户，其中部分来自外村，由于农忙时间错开而到本村打工。第二，由于经济总体落后，该地区农业劳动力价格较低，但技术含量较高的修剪劳动报酬较高。第三，劳动力搜寻主要通过社会网络，微信等现代信息交流手段也发挥着越来越重要的作用。第四，雇主和雇工多数是普通农户，生活环境相似，相互体谅，总体上相互尊重、关系和谐。

Ⅲ. 湖南中部农业劳动力市场调查报告

——基于对湖南省长沙县的调查

湖南省长沙市位于洞庭湖平原南部与湖南省中部丘陵盆地过渡地带，主要由山地、丘陵、岗地、平原等多种地貌组成；湘江自南向北流贯而过，水网密布，水源充足；属亚热带季风性湿润气候，天气温和，雨水丰沛，四季分明。2020 年全市农林牧渔业总产值 722. 19 亿元，农业总产值 425. 17 亿元①。为了了解当前我国经济较发达地区农业劳动力市场的特征，笔者于 2022 年 8 月中旬在长沙市长沙县江背镇的五福村对其农业劳动力市场开展了为期 5 天的调查，调查形式为问卷调查与访谈调查相结合，调查对象包括村干部、新型农业经营主体和农业雇工。以下分四部分对调查结果进行总结。

① 长沙市统计局. 长沙统计年鉴 2021[M]. 北京:中国统计出版社,2022.

一、村庄农业生产格局：较多新型农业经营主体与众多小农户并存

五福村坐落在长沙县东南边境，江背镇镇中心位置，邻近长沙、株洲、浏阳三市。村庄面积 11 平方千米，耕地面积 3578 亩，大多分布于村庄主路旁侧，水面面积 648 亩，其余多为丘陵地貌的山林地，村庄呈现出“田、庄、林”的生态布局。五福村对外交通便利，省道 103 西接长沙市，南通浏阳市，距长沙黄花国际机场仅 12 千米。

随着城市化和工业化的推进，村庄劳动力大量进城务工，加上小农户种植农作物收益微薄，大多数村民仅在屋前屋后耕种少量农田以供自需，大部分农田一度处于荒废状态。针对这种情况，村干部合伙创立了一家农业科技有限公司，集中流转了本村 700 亩土地，种植一季油菜和双季水稻，提高了农田使用效率。同时，大面积的油菜花地也吸引了长沙市区的游客前来观光。五福村金银坝景区油菜花田从 2015 年开始种植，2017 年开始陆续接待游客，总规模达到 2000 亩，已经成为集观光旅游和吃喝玩乐为一体的现代农业种植区。2022 年 3—5 月，共接待游客 40 万人次，实现村集体经济增收 15 万余元，带动附近群众增收 600 余万元，周边农文旅企业综合收入超过 1800 万元。参与种植油菜花的农户可从中分红，景区的暴火也扩大了农产品的销路。

政府对实行规模经营的新型农业经营主体给予鼓励，对种植双季稻实际面积 30～200 亩的给予 300 元/亩的补贴，200 亩以上的给予 400 元/亩的补贴。在该政策的推动下，村里出现了更多农业大户、家庭农场和农业企业，相继承包了大片土地；村上也成立了农业合作社，实行村集体代耕代种。在此背景下，五福村形成了数量较多的新型农业经营主体和以自给为主的小农户并存的农业生产格局。其中，接近 20 家新型农业经营主体经营了五福村约 2500 亩耕地，小农户耕种面积仅有 900 多亩，五福村的基本情况如附表 B－6 所示。

附表 B－6　五福村村庄的基本情况

村庄	户籍人口（人）	耕地面积（亩）	雇出家庭（户）	雇入家庭（户）	雇工价格（元/工）	主要作物
五福村	3335	3578	30～40	15～20	150～260	水稻、油菜、苗木、蔬菜

二、农业劳动力市场供求双方基本特征

（一）农业劳动力需求方的主要特征

农业劳动力的需求方主要是各类新型农业经营主体，包括农业大户、家庭农场和农业企业，他们经营的土地面积较大，从30亩到300亩不等，个别新型农业经营主体土地经营面积达500亩以上。由于当地劳动力价格比较高，农业劳动力需求方一般都会自己参与劳作，每户都会有2～3个劳动力参与全年的耕种。土地经营面积较大的经营主体通常购置了大量的现代农业机械，经营面积较小的农业大户则会向农业企业或者农业合作社租赁机械或者购买农机服务，较高的机械化程度降低了对雇工的需求。这些经营主体的户主或股东有着相似的个人特征：壮年男性居多，身体健康，有较强的经营和承担风险的能力；受教育程度各个层次都有，初高中学历居多；其中有一些是受政府号召的村干部或者党员。

所调查的农业大户的基本情况如附表B－7所示。比较典型的是D农业科技有限公司。该公司购置了旋耕机、收割机、烘干机、植保机等大量现代农业机械；股东彭某的儿子2022年回到农村帮助父亲种粮，报名参加了政府组织的新型农民培训，学习农产品宣传、农业机械驾驶等知识和技能，并获得了无人机飞行证和拖拉机驾驶证。

附表 B－7　农业劳动力需求方的基本特征

农户	户主/主要股东年龄（岁）	户主/主要股东学历	耕种面积（亩）	主要作物	雇工数量（工）
A家庭大户	57	小学	30	双季稻	0
B家庭农场	54	高中	200	油菜花	约50

续表

农户	户主/主要股东年龄（岁）	户主/主要股东学历	耕种面积（亩）	主要作物	雇工数量（工）
C 农业公司	52、48	初中、高中	400	双季稻、油菜花	约 300
D 农业公司	45、52、55	大专、初中、高中	700	双季稻、油菜花	约 500

（二）农业劳动力供给方的主要特征

农业劳动力的供给方主要有如下特征：第一，多为 55 ~ 65 岁的中老年群体，身体状况良好，学历大多数为初中及以下。第二，一般是留守在本村本镇的农民，他们很少到外镇从事农业活动，特别是女性，基本上只在离家很近的地方参与劳动。第三，部分农民会把家中的土地全部转让或者只留下几分地以供自需，他们认为自己经营的小规模农业所带来的收益与付出不成正比，而做农业雇工同样可以获得收入还不用承担风险。第四，村庄的农业雇工大多为兼业形式，除农业劳动外，男性还会从事建筑劳动、垃圾托运等非农活动，女性则会去村上的一些大型休闲旅游农庄帮忙干活。

所调查的农业雇工的基本状况如附表 B－8 所示。其中，弹弓墙组的 A 雇工今年 52 岁，擅长苗木的修剪栽培，平时骑着摩托到外村的苗圃进行苗木栽植养护，收入多的时候能达到一天 800 元。来自石上组的 B 雇工今年 55 岁，她在村上的农业合作社里参与育秧，油菜花观光季便去村上的休闲农庄帮忙，丈夫在镇上的企业上班，此外通过将家里的农田转包给村里每年可获得一定的流转收入。

附表 B－8 农业雇工的基本特征

农业雇工	年龄（岁）	性别	户主学历	农业打工量（工）
A 雇工	52	男	初中	100 ~ 120
B 雇工	55	女	初中	30 ~ 40

续表

农业雇工	年龄（岁）	性别	户主学历	农业打工量（工）
C 雇工	60	男	小学	30～40
D 雇工	57	女	初中	60～70

三、农业劳动力市场的运作：价格、搜寻、契约

（一）农业雇工价格

五福村的农业雇工形式有两种，他们获取报酬的方式也不同。一种是在农业合作社上班的农民，他们的报酬除了劳动工资，还根据入股土地面积定期分红。另一种是普通的农业雇工，一般是按“工”收费，工价不统一。一是有性别差异，一般女工工资为 150～160 元/工，而男工工资可达 250～260 元/工，这是由于男女工作强度不同；二是参与不同的农作物生产的劳动力价格有所差异，苗木作物的劳动雇用价格要高于粮油作物，这是因为种植苗木技术含量更高，劳动强度也更大。

（二）农业雇工的搜寻方式

农业劳动力市场供给方面的组织化程度较低，农业雇工的搜寻方式也较为零散，主要有以下几种形式：第一，劳动力供求双方通过乡邻关系来获取供求信息。第二，经常参与农业打工的劳动者会形成“三五成群”的组织，他们中的领头人经常周转于农场园林获取信息，当雇主想招工时就会先与领头人取得联系，再由他带领一组农业打工者为雇主提供劳动。第三，利用网络信息平台，主要是微信公众号、群聊、朋友圈等功能使雇工信息在村庄社群内进行传播。

（三）契约形式

在五福村，雇工与雇主间的契约有口头形式，也有书面形式，不同的雇主类别对应不同的契约形式。以家庭为基础的农业大户习惯通过乡邻介绍来寻找雇工，雇工一般都是本村或本镇的居民，以简单的口头契

约约定雇工时间和价格。在乡村传统道德的约束下，口头契约可以有效减少双方的机会主义行为；但也存在有些雇工偷懒的问题，偶尔还会碰到有一些雇工家中突然有事不能按时完成工作的情况。如果雇主是农业公司或者是合作社，就会签订纸质合同，以明确权责。

四、结论

随着乡村振兴战略的提出，我国经济较为发达地区的农业结构得到有效调整，土地流转已初具规模，形成了新型农业经营主体与小农户并存的农业格局。新型农业经营主体是劳动力市场上的主要需求者，本村和周边普通农户是农业劳动力市场的主要供给者。从劳动报酬情况来看，普通雇工是按“工”计酬，农业合作社的薪酬除了劳动工资，还会根据入股土地面积定期分红。从劳动力搜寻方式来看，既有传统的社会网络搜寻，也会利用微信等现代技术手段进行联络。从契约形式来看，农业大户一般采用口头契约，农业公司或合作社一般采用书面契约。

Ⅳ. 陕西汉中农业劳动力市场调查报告
——以汉中市勉县周家山村为例

汉中市位于陕西省西南部，北依秦岭，南屏巴山，汉江穿境而过，自然条件优越，农业生产水平较高，素有“国宝天府，鱼米之乡”的美誉。勉县作为南水北调中线工程的重要水源涵养区与矿产资源富集区，其工、农业齐头并进，三次产业结构约为 17∶46∶37[①]，其中第二产业大多为农产品加工等涉农企业。为了解汉中地区的农业劳动力市场，2022 年 8 月，笔者选取勉县周家山村进行实地调查，调查形式为问卷

① 2022 年勉县政府工作报告［EB/OL］.（2022 − 03 − 31）［2022 − 08 − 08］. http://www.mianxian.gov.cn/mxzf/xxgk/zfgzbg/202203/2ee20fee4bf142019b9dd08e74d39f08.shtml.

调查与访谈调查相结合。以下分五部分对调查结果进行总结。

一、农业生产格局：蓬勃发展的新型农业主体和数量较多的普通小农户并存

周家山村全村总面积3.9平方千米，距离县城6千米，交通便利。耕地面积3038亩，下辖8个村民小组，共有人口1996人，劳动力约有1100人。该村大力发展中药材、葡萄、苗木、大樱桃等特色农业产业。截至目前，共培育中药材、葡萄等农业专业合作社6个，引进农业企业2家，打造特色农业产业示范基地7个。结合该村特点，笔者有针对性地分别对以中药材、葡萄和蔬菜、苗木为主的农业主体进行调查。周家山村的基本情况如附表B-9所示。

附表B-9　周家山村的基本情况

村庄	所属县区	主要作物	亩均产值（元）	耕地面积（亩）	农业大户（户）	农忙雇工人数（人）	雇工价格（元/工）
周家山村	汉中市勉县	葡萄、蔬菜	约11000、4000	750	10~20	70~80	60~80
		中药材	10000~30000	650	4	约130	80~150
		苗木	6000~8000	约2200	10以下	180~280	60~150

周家山村依托自身农业条件和地理位置优势，在农户经营承包土地的基础上，流转以旱坡地为主的耕地1238亩，并通过引进合作社、建设产业基地等方式大力发展特色产业，构建“土地流转+就业务工+入社分红”增收机制。基于此，该村农业生产呈现出蓬勃发展的新型农业主体和数量较多的普通小农户并存的格局（封利军、程岚，2021）[①]。

① 封利军，程岚．勉县周家山村特色农业发展模式及建议[J]．农业科技通讯，2021(12)：49-51.

二、农业劳动力市场供求双方基本特征

（一）农业劳动力需求方的主要特征

农业劳动力市场的需求方主要包括农业大户、农业合作社、农业公司三大类，其经营农地规模差异较大，从30亩到2000亩不等。调查发现，经营规模相对较小的农业大户会将家庭成员作为劳动力全年投入，以降低雇用成本，农业机械的需求靠付费租入来解决。经营规模较大的农业经营主体的家庭成员通常不会直接参与简单的农业劳作，而是以经营管理者或技术人员的角色出现，其原因在于其所种植作物多为新引进、技术要求高的特色农业产品，且经营规模较大，需要专人从事产品销售、技术管理、农业机械操作等活动，以保证农业活动的顺利进行。

农业劳动力需求方的户主具有某些相似的个人特征。他们之中男性居多，年龄多为40~60岁，身体状况良好；受教育程度分布于各个层次，初高中学历居多，都具有强烈的学习欲望和良好的经营能力，心态积极、敢于尝试新事物，其中部分是村干部或积极响应政府政策回乡创业的大学生。

所调查的农业大户基本情况如附表B-10所示。B农业合作社负责人除生产经营活动外，还担任陕西省葡萄产业岗位专家，积极与外界展开沟通交流。C农业公司创始人属于大学生返乡创业，他积极响应政府“双招双引”惠才政策，返乡建立中药材种植基地。随着该公司生产规模的不断扩大，辐射带动作用也逐渐显现，除技术人员外，其中药材基地每天用工约90人，其中吸纳贫困户23人，有效带动了当地群众增收。

附表B-10 农业劳动力需求方的基本情况

农户	户主/法人年龄（岁）	户主/法人学历	耕种面积（亩）	主要作物	农忙雇工数量（人）
A农业大户	57	初中	30	葡萄（普通品种）	小于5

续表

农户	户主/法人年龄（岁）	户主/法人学历	耕种面积（亩）	主要作物	农忙雇工数量（人）
B 农业合作社	43	大专	270	葡萄（引进品种）、蔬菜	50～60
C 农业公司	32	本科	450	中药材	约 100
D 农业公司	50	高中	2000	苗木	约 155

（二）农业劳动力供给方的主要特征

不同作物种植区的农业劳动力要求及组成结构不同。以葡萄、中药材、苗木为例，中药材在培育、采摘、储存、运输等各个环节都有一定的技术性要求；苗木对养护知识、审美能力等要求较高；葡萄种植对劳动技能要求较低。因而，中药材、苗木产业雇工为长期雇用专业技术人员与短期雇用普通劳动力相结合，其雇工中存在约 8% 的专职员工，该类员工具有一定的农业培育知识，且会定期参与相关技能培训；而葡萄、蔬菜产业以短期雇用普通劳动力为主。

专职员工和短期雇工各有其特点。专职员工多为 25～40 岁，有相关教育背景或从业经验的青壮年，来源地不限于本村本镇，其中甚至有外省务工人员。短期雇工具有以下特点：一是从组成结构来看，这些劳动力多为 50 岁以上的中老年群体，男女皆有，学历水平较低（以初中和小学为主），身体状况良好。二是从家庭情况来看，这些农民家中青壮年多外出务工，且有老人和学生，经济负担较重。三是从流动范围来看，他们大都选择离家较近、无须乘坐交通工具的本村雇主。四是劳动内容灵活，6—9 月葡萄成熟季节葡萄基地的农业雇工，在 10—12 月可能会出现在中药材采摘现场，在 2—4 月的苗木培育大棚里又会看到他们忙碌的身影。所调查农业雇工的基本状况如附表 B－11 所示。

附表 B-11　农业劳动力供给方的基本情况

农业雇工	年龄（岁）	性别	来源地	学历与专业背景	服务产业	务工类型与数量
A 雇工	31	男	四川	本科，中药学专业	中药材	专职技术人员
B 雇工	26	女	陕西其他市县	本科，风景园林专业，三年工作经验	苗木	专职技术人员
C 雇工	56	男	本村	初中	葡萄、苗木、中药材	短期雇工 60～80 天
D 雇工	52	女	本村	小学	葡萄、苗木、蔬菜	短期雇工 140～160 天

三、农业劳动力市场的运作：价格、搜寻与契约

（一）农业雇工价格

短期雇工薪酬结构单一，以按日结算现金为主。由于流动频繁，短期雇工工价较为透明和统一，总体不高，近 5 年来呈现缓慢上涨的趋势。短期雇工工价因技能、性别、季节等原因有所差异。对技术水平要求较高的中药材、苗木产业雇工价格较高，而葡萄、蔬菜等产业的雇工价格相对较低。男性工资普遍高于女性，女工工资一般为 60～100 元/工，而男性多为 80～150 元/工。本地区劳动力丰富，农业劳动力价格受季节影响较小，只是在农忙时节工资略高于平时。此外，入股合作社的务工人员除按天结算的报酬外，还可以参与定期分红。据 D 雇工介绍，入股合作社每户每年可按入股资金的 6% 领取股金分红。她申请了 5 万元政府贴息贷款入股到中药材合作社，每年能稳定拿到 3000 元分红。

专职技术人员的薪资不受性别、时节的影响，可按月享受较稳定收入及保险、假期等福利。

（二）农业雇工的搜寻方式

规模较小的农业经营主体主要依托社会网络，通过乡邻介绍寻找雇工。规模较大的合作社、农业公司的搜寻方式较为多元，除乡邻介绍外，还通过中间人（即工头）推荐、政府人力资源部门及村委会联络、招工广告车巡游等方式寻找适合的雇工。在完成初步雇用交易后，在双方都满意的基础上可以直接联系，形成较为稳定的合作关系。尽管网络信息技术较为普及，但招工网站、微信等媒体平台在该地区农业雇工搜寻中没有被普遍应用。

（三）契约形式

雇主与专职技术人员之间通常会签订正式的劳务合同，除工作内容、基本工资外，还会明确规定保险、假期等员工福利。与短期雇工则是单纯的口头约定，只包括工作量、工资、餐饮提供等内容，不向雇工提供保险等福利，也不涉及人身安全风险的处理。

四、农业劳动力供求双方的社会关系

（一）农业劳动力供求双方关系和谐

供求双方关系和谐，雇主尊重雇工，对其礼貌、客气；雇工尽职尽责。双方沟通充分、和睦相处，如遇到炎热天气协商调整工作时间、外出工作时由雇主负责往返交通和午饭等。其原因在于，一方面，雇工多来源于本村，双方处于同一个社会网络中，有一定的交往基础和重叠的人际关系；另一方面，雇主的诉求是生产和效率，雇工的诉求是生存与发展，两者并不对立，而是合作双赢关系，雇工诉求得到满足有利于雇主生产效率的提高。

（二）农业劳动力的权益保护

总体来看，农业劳动力市场缺乏对劳动者权益进行保护的显性契约，占主要比例的短期雇工只依靠口头约定，其中并未对人身安全、报酬支付等风险做出明确约定。这在一定程度上是因为雇工多为年龄较大、文化水平较低的中老年群体，他们的法律意识与自我保护意识淡薄，有的甚至不具备签订合同的能力。然而调查中并未发现拖欠工资、劳动受伤等纠纷。这一方面是因为声誉机制在农村社会体系所起的约束作用；另一方面也是因为在当地的“党支部 + 合作社 + 基地 + 农户”的经营模式中，政府的介入限制了雇主机会主义行为的发生。

五、结论

随着国家脱贫攻坚和乡村振兴战略的实施，我国经济欠发达地区的农业生产不断朝多元化、产业化、市场化的方向发展，形成了蓬勃发展的新型农业主体和数量较多的普通小农户并存的农业格局。在这一格局下，汉中地区农业劳动力市场主要具有以下特征：第一，农业劳动力市场的需求方主要是包括农业大户、农业合作社、农业公司在内的新型农业经营主体，供给方包括专业技术人员和普通劳动者。第二，不同类型的农业劳动力的薪酬形式和水平有明显差异。专业技术人员和雇主签订正式契约，薪资按月发放，水平较高；普通雇工则采取口头契约，劳动报酬按日结算，水平较低。第三，农业劳动力的搜寻主要依赖社会网络等传统方式，新媒体手段未被广泛应用。第四，劳动力供求双方关系融洽、互相尊重。

值得指出的是，在培育脱贫产业的过程中，该地区利用“党支部 + 合作社 + 基地 + 农户”的新模式，积极引导和支持龙头企业、专业合作社、家庭农场等新型经营主体发展，通过入股分红、就业务工带动农户增收，发挥扶贫造血作用，走出了一条特色产业兴村富民之路。

参考文献

[1]Bardhan P, Rudra A. Terms and Conditions of Labour Contracts in Agriculture: Results of a Survey in West Bengal, 1979 [J]. Oxford Bulletin of Economics & Statistics, 1981, 43(1): 89 - 111.

[2]Bardhan P, Udry C. Development Microeconomics [M]. Oxford: Oxford University Press, 1999.

[3]Barnum H N, Squire L. An Econometric Application of the Theory of the Farm - Household[J]. Journal of Development Economics, 1979, 6(1): 79 - 102.

[4]Barrett C B, Sherlund S M, Adesina A A. Shadow Wages, Allocative Inefficiency, and Labor Supplyin Smallholder Agriculture [J]. Agricultural Economics, 2007, 38(1): 21 - 34.

[5]Bedi A, Tunali I. Testing for Market Imperfections: Participation in Land & Labor Contracts in Turkish Agriculture[R]. Economic Research Forum, 1996.

[6]Benjamin C, Kimhi A. Farm Work, Off - Farm Work, and Hired Farm Labour: Estimating a Discrete - Choice Model of French Farm Couples' Labour Decisions[J]. European Review of Agricultural Economics, 2006, 33(2): 149 - 171.

[7]Benjamin D. Can Unobserved Land Quality Explain the Inverse Productivity Relationship? [J]. Journal of Development Economics, 1995(46):

51 -84.

[8]Benjamin D. Household Composition, Labor Markets, and Labor Demand: Testing for Separation in Agricultural Household Models [J]. Econometrica, 1992, 60(2): 287 -322.

[9]Benjamin D, Brandt L. Property Rights, Labour Markets, and Efficiency in a Transition Economy: The Case of Rural China[J]. Canadian Journal of Economics, 2002, 35(4): 689 -716.

[10]Binswanger H P, Rosenzweig M R. Contractual Arrangements, Employment and Wages in Rural Labor Markets: A Critical Review [M]. New York: Agricultural Development Council, Andhra. Pradesh: International Crops Research Institute for the Semi - arid Tropics, 1981.

[11]Bowlus A, Sicular T. Moving toward Markets? Labor Allocation in Rural China [J]. Journal of Development Economics, 2003, 71 (2): 561 -583.

[12]Deshingkar P, Farrington J. Rural Labour Markets and Migration in South Asia: Evidence from India and Bangladesh[R]. Backgroud Paper for the World Development, 2006.

[13]Dillon B, Brummund P, Mwabu G. How Complete are Labor Markets in East Africa? Evidence from Panel Data in four Countries [J]. Journal of Development Economics, 2019, 139(1): 78 -96.

[14] Dillon B, Brummund P, Mwabu G. Asymmetric Non - Separation and Rural Labor Markets [J]. Journal of Development Economics, 2019 (139): 78 -96.

[15] Eastwood R, Lipton M, Newell A. Handbook of Agricultural Economics Volume (4)[M]. Amsterdam: Elsevier 2010: 3323 -3397.

[16]Ellis F. Peasant Economics[M]. Cambridge: Cambridge University

Press, 1993.

[17] Feder G. The Relation between Farm Size and Farm Productivity: The Role of Family Labor, Supervision and Credit Constraints[J]. Journal of Development Economics, 1985, 18(18): 297 - 313.

[18] Heltberg R. Rural Market Imperfections and the Farm Size - Productivity Relationship: Evidence from Pakistan [J]. World Development, 1998, 26(10): 1807 - 1826.

[19] Jacoby H G. Shadow Wages and Peasant Family Labour Supply: An Econometric Application to the Peruvian Sierra[J]. The Review of Economic Studies, 1993, 60(4): 903 - 921.

[20] LaFave D, Thomas D. Farms, Families, and Markets: New Evidence on Completeness of Markets in Agricultural Settings [J]. Econometrica, 2016, 84(5): 1917 - 1960.

[21] Lamb R L. Inverse Productivity: Land Quality, Labor Markets, and Measurement Error [J]. Journal of Development Economics, 2003 (71): 71 - 95.

[22] Lanzona L, Evenson R E. The Effects of Transaction Costs on Labor Market Participation and Earnings: Evidence from Rural Philippines Markets [R]. New Haven: Economic Growth Centre, Yale University, 1997.

[23] Leavy J, White H. Rural Labour Markets and Poverty in Sub - Saharan Africa[R]. Brighton: Institute of Development Studies, University of Sussex, 2000.

[24] Le K T. Shadow Wages and Shadow Income in Farmers [J]. American Journal of Agricultural Economics, 2009, 91(3): 685 - 696.

[25] Lu Chen, Wang Yuyu. The Separation of Agricultural Household: Evidence from China[C]//International Conference on Education, Manage-

ment and Social Science. Amsterdam:Atlantis Press, 2014: 34 -37.

[26]Poncet S. A Fragmented China: Measure and Determinants of Chinese Domestic Market Disintegration[J]. Review of International Economics, 2010(13): 409 -430.

[27]Reddy A A. Rural Labor Markets: Insights from Indian villages [J]. Asia - Pacific Development Journal, 2014, 21(1): 107 -136.

[28]Rosenzweig M R. Rural Wages, Labor Supply, and Land Reform: A Theoretical and Empirical Analysis[J]. The American Economic Review, 1978, 68(5): 847 -861.

[29]Samuelson P. The Transfer Problem and Transport Costs [J]. Economic Journal,1952,62(246): 278 -304.

[30]Sen A K. Peasants and Dualism with or without Surplus Labor [J]. Journal of Political Economy, 1966, 74(5):425 -450.

[31]Sen A K. An Aspect of Indian Agriculture[J]. Economic Weekly, 1962(14): 243 -246.

[32]World Bank. World Development Report 2008 : Agriculture for Development[M]. Washing D. C. :The World Bank,2007.

[33]Young A. The Razor's Edge: Distortions and Incremental Reform in the People's Republic of China[D]. NBER Working Paper Series,2000.

[34]埃里克·弗鲁博顿,鲁道夫·芮切特. 新制度经济学: 一个交易费用分析范式[M]. 上海: 上海三联书店,上海人民出版社, 2012.

[35]陈立泰,李金林,叶长华. 长江经济带城市群劳动力市场一体化测度及影响因素:基于劳动力工资视角的分析[J]. 华东经济管理, 2017, 31(3): 5 -12.

[36]陈训波,武康平,贺炎林. 农地流转对农户生产率的影响:基于DEA 方法的实证分析[J]. 农业技术经济, 2011 (8): 65 -71.

[37]陈昭玖,胡雯.农业规模经营的要素匹配:雇工经营抑或服务外包——基于赣粤两省农户问卷的实证分析[J].学术研究, 2016, 381(8): 93-100, 177.

[38]董洪超,蒋伏心.交通基础设施对中国区域市场一体化的影响研究:基于动态面板模型的实证分析[J].经济问题探索, 2020, 454(5): 26-39.

[39]范欣,宋冬林,赵新宇.基础设施建设打破了国内市场分割吗[J].经济研究, 2017, 52(2): 20-34.

[40]封利军,程岚.勉县周家山村特色农业发展模式及建议[J].农业科技通讯, 2021(12): 49-51.

[41]贺雪峰.论农地经营的规模:以安徽繁昌调研为基础的讨论[J].南京农业大学学报(社会科学版), 2011, 11(2): 6-14.

[42]黄宗智.资本主义农业还是现代小农经济?中国克服"三农"问题的发展道路[J].开放时代, 2021, 297(3): 32-46.

[43]李谷成,冯中朝,范丽霞.小农户真的更加具有效率吗?来自湖北省的经验证据[J].经济学(季刊), 2010, 9(1): 95-124.

[44]李旭鸿.破解"农民荒",关键在效益[N].人民日报,2011-09-04.

[45]李义波,弓路沙.农民合作行为变化与社会变迁的微观机制:以华北平原S村为例[J].中国农村观察, 2011, 97(1): 39-48.

[46]梁义成,李树茁,费尔德曼,等.农户的非农参与和农业劳动供给研究:来自中国西部山区的证据[J].统计与信息论坛, 2010, 25(5): 91-96.

[47]林毅夫,刘培林.中国的经济发展战略与地区收入差距[J].经济研究, 2003(3): 19-25, 89.

[48]刘劭睿,李钏,樊佳琪.中国劳动力市场分割的时空演化研究

[J]. 人口学刊, 2021, 43(6): 14-27.

[49]刘小勇,李真. 财政分权与地区市场分割实证研究[J]. 财经研究, 2008, 315(2): 88-98.

[50]鲁先凤. 中国现阶段农业雇工的特征与成因简析[J]. 理论月刊, 2008, 324(12): 154-157.

[51]陆铭,陈钊. 分割市场的经济增长:为什么经济开放可能加剧地方保护? [J]. 经济研究, 2009, 44(3): 42-52.

[52]马小勇,孙逸戈. 经济发达地区农业内部劳动力市场发育现状:基于对浙江温州和金华的调查[J]. 中国经济报告, 2021, 123(1): 100-104.

[53]皮埃尔-菲利普·库姆斯,等. 经济地理学:区域和国家一体化[M]. 安虎森,等译. 北京: 中国人民大学出版社, 2020.

[54]孙博文,尹俊. 交通投资何以实现高质量的市场一体化:基于地理性与制度性市场分割的视角 [J]. 宏观质量研究, 2021, 9(1): 113-128.

[55]唐萍萍,李世平. 兼业农业工人存在及发展研究:基于陕西省中部的实证研究[J]. 西北人口, 2011, 32(2): 52-55, 60.

[56]王新志,杜志雄. 家庭农场更有效率吗? 基于理论与实证的比较分析[J]. 东岳论丛, 2020, 41(7): 172-181.

[57]王颜齐,毕欣宁,李玉琴. 土地规模化流转背景下农业雇工受雇现状及问题分析[J]. 农业经济与管理, 2017, 46(6): 36-42.

[58]王颜齐,毕欣宁,孟杰. 土地规模化流转背景下农业雇工受雇意愿及影响因素分析[J]. 农业现代化研究, 2017, 38(3): 460-466.

[59]危薇,杜志雄. 新时期家庭农场经营规模与土地生产率之间关系的研究[J]. 农村经济, 2019 (3): 6-14.

[60]向倩雯. 农村空心化背景下的农业雇工现状与特征简析[J]. 中

国农业资源与区划, 2016, 37(11): 158-162.

[61]行伟波,李善同. 一价法则、地区价格差异与面板单位根检验[J]. 管理科学学报, 2010, 13(4): 76-84.

[62]许庆,尹荣梁,章辉. 规模经济、规模报酬与农业适度规模经营:基于我国粮食生产的实证研究[J]. 经济研究, 2011, 46(3): 59-71, 94.

[63]姚先国,赖普清. 中国劳资关系的城乡户籍差异[J]. 经济研究, 2004(7): 82-90.

[64]姚洋. 土地、制度和农业发展[M]. 北京:北京大学出版社, 2004.

[65]叶敬忠,吴惠芳,许惠娇,等. 土地流转的迷思与现实[J]. 开放时代, 2016(5): 76-91.

[66]叶林祥,李实,罗楚亮. 行业垄断、所有制与企业工资收入差距:基于第一次全国经济普查企业数据的实证研究[J]. 管理世界, 2011(4): 26-36, 187.

[67]叶青,向德平,万兰芳. 中国小农的生存策略与乡村社会的团结再造:基于农民间换工与雇工现象的分析[J]. 学习与实践, 2017(9): 109-116.

[68]朱启臻,杨汇泉. 谁在种地:对农业劳动力的调查与思考[J]. 中国农业大学学报(社会科学版), 2011, 28(1): 162-169.

[69]朱喜,史清华,盖庆恩. 要素配置扭曲与农业全要素生产率[J]. 经济研究, 2011(5): 86-98.

后　记

农业劳动力市场由于其非正式、兼业性、短期性的特点，尚未引起国内学术界的足够重视，专门研究当代中国农业劳动力市场的文献仅有十余篇，并且多为描述性分析。但事实上，农业劳动力市场在中国乡村长期普遍存在。改革开放初期的20世纪80年代，作为中小学生的笔者常常于节假日参加农业劳动，当时农户农忙时的用工主要表现为“换工”，即乡邻亲友之间农忙时互相帮助。印象比较深的是西瓜的收获季节，客商到了以后需要短时间内采摘西瓜并装车，需要至少十几个人集体采摘和输送，于是左邻右舍之间会通过互相支持来满足这种对劳动力的集中需求。但其中并非全是想象中的田园牧歌式的美好，而是要遵循大体的等量交换关系，其中也会产生不少或明或暗的摩擦。可能正是因为这种“换工”利益关系的不清晰所导致的纠纷太多，20世纪90年代以后笔者回到家乡时，发现农民更愿意通过“雇工”来满足对劳动力的需求，以社会网络为基础的“换工”已经逐渐被市场化的“雇工”所替代，这种市场化雇工在农民的生产中发挥着越来越重要的作用。这种现象引发了以发展经济学为主要研究方向的笔者的关注和思考：农业劳动力市场产生的背景是什么？在农业生产中发挥着怎样的作用？对于未来中国农业的发展有何意义？

2018年，很荣幸这项研究获得教育部人文社会科学规划基金（“市场分割背景下的中国农业劳动力配置效率研究”，批准号：18YJA790060）的资助，此后几年的学术思考主要围绕这一问题展开。课题获得立项以后，课题组定期组织讨论会，对国内外相关文献进行研读和讨论，努力使研究工作处于该领域的前沿。为了让研究工作“接地气”，避免空中楼阁式的研究，课题组成员于2018年在陕西、河南、四川等地进行了试调查，2019年在浙江温州和金华进行了小规模的问卷调查，2021—2022年在陕西西安和宝鸡进行了小规模的问卷调查。调查中通过和基层领导、村干部、农业打工者、农业大户的面对面交流，获得了对中国农业劳动力市场运作机制的真切感受。数据获取是本项目所面临的主要困难，现有的微观数据中涉及农业劳动力市场的变量很少，实际研究中只能根据需要分别使用中国家庭追踪调查数据、农村固定观察点调查数据，以及课题组自行通过电话调查获取的数据。

在上述文献研读、社会调查和获取数据的基础上，课题组较为顺利地完成了研究任务，成果包括学术论文四篇、调查报告两篇，本书是这些研究成果的汇总。第1章是对课题研究背景、研究内容、研究方法、边际贡献的总体介绍，由马小勇（西北大学经济管理学院副教授）和高照原（西北大学经济管理学院硕士生）写作。第2章对农业劳动力市场的分割状态及其影响因素进行了分析，由马小勇和周雨清（西北大学经济管理学院硕士生）写作。第3章以交易成本为基础分析了农业生产中的农地规模—劳动投入逆向关系及其影响因素，由马小勇、张静宜（农业农村部农村经济研究中心副研究员）和王舒腾（西北大学经济管理学院硕士生）写作。第4章分析了市场不完善条件下农地流转影响农户农业劳动力供求的机制，由马小勇、冯美乐（西南财经大学博士生）写作。第5章是对陕西和浙江农业劳动力市场进行实地调查的报告。上篇是陕西西安市周至县和宝鸡市凤翔区农业劳动力市场的调查报告，由牟策（西北大学经济管理学院硕士生）写作；下篇是浙江温州市和金华市农业劳动力市场的调查报告，由马小勇和孙逸戈（中国人民银行西安分行）写作。附录中调查报告的Ⅰ、Ⅱ、Ⅲ、Ⅳ部分分别由西北大学硕士研究生高照原、王舒腾、庄跃瑶、叶子琪写作。高照原和王舒腾承担了整体书稿修订的许多工作。

课题的研究工作历经5年，在文献研究、模型构建、数据获取、调查研究等方面都遇到诸多困难。研究团队成员迎难而上，在遵循科学方法和实事求是的基础上奋力探索，最终比较顺利地完成了课题设定的目标。课题研究过程也是团队成长的过程。通过课题研究，团队成员对中国农村经济的理解更加深入，团队中的几届研究生成员经历了较为完整的科研过程，显著提升了学术能力。

课题的研究工作的顺利开展离不开诸多领导、同事、朋友，以及众多同学和农民朋友的支持和帮助。感谢西北大学经济管理学院各位领导在课题申请、课题研究和成果出版过程中给予的热情支持；感谢西北大学社科处在课题研究工作全程的周到支持；感谢西北大学学科处“双一流”建设项目对研究成果出版的全力支持；感谢温州市、金华市、西安市周至县、宝鸡市凤翔区、延安市宝塔区的各位领导和基层干部在调查中给予的热心帮助；感谢北京工商大学张正平教授、浙江工商大学章上峰教授、华南农业大学陈风波副教授、西北大学张涛副教授、西北大学赵仁杰副教授在理论分析、模型构建、实证检验过程中参与课题讨论，提出重要的建设性意见；感谢接受调查的众多农民朋友和参与调查工作的各位本科生和研究生。特别感谢中国经济出版社贺静副编审和王帅编辑专业而严谨的编辑工作。

农业劳动力市场研究是一个尚在初步探索中的领域，由于笔者学术能力有限，研究工作还存在诸多不足和遗憾。笔者诚挚地欢迎学术界的专家学者和农业领域的实际工作者提出批评性意见。也希望通过此书的写作能够抛砖引玉，对中国农业劳动力市场领域的研究有所推动。

马小勇

2023年初于西北大学长安校区